U0117514

三餘堂散記

商　震　著

文　學　叢　刊

文史哲出版社印行

國家圖書館出版品預行編目資料

三餘堂散記 / 商震著. -- 初版 -- 臺北市：
文史哲，民 107. 07
　頁；　　公分（文學叢刊；391）
ISBN 978-986-314-414-4（平裝）

855　　　　　　　　　　　　　107010300

文　學　叢　刊 ₃₉₁

三　餘　堂　散　記

著　　者：商　　　　　　　　震
出 版 者：文　史　哲　出　版　社
　　　　　http://www.lapen.com.tw
　　　　　e-mail：lapen@ms74.hinet.net
登記證字號：行政院新聞局版臺業字五三三七號
發 行 人：彭　　　　正　　　　雄
發 行 所：文　史　哲　出　版　社
印 刷 者：文　史　哲　出　版　社
臺北市羅斯福路一段七十二巷四號
郵政劃撥帳號：一六一八○一七五
電話886-2-23511028・傳真886-2-23965656

定價新臺幣三二○元

二○一八年（民一○七）七月初版

著財權所有・侵權者必究
ISBN 978-986-314-414-4　　09391

序

《三餘堂散記》嚴格地說，是讀書筆記。

我讀的書比較雜，涉獵的學科比較多。但大多以文學、歷史、社科為主。

筆記的好處是想到哪兒就寫到哪兒，沒有事先的命題，也沒有什麼羈絆，信馬由韁。好在我認為不是雜亂無章。曾想過用春秋筆法、微言大義，又覺得刻意地去寫，一定寫不出好東西。好文章應該信筆而就。

當下人讀史書，都帶有當下的情緒。這本書讀史的部分，也是讀當下。

書中有許多篇幅是關於詩歌問題的，因為我的職業是詩歌編輯。我的業餘身份是詩人。不過，無論做編輯，還是做詩人，我都很自信。當然，作為一個自然人，我也很自信。

這本書曾於 2015 年 3 月在作家出版社出版，在大陸的發行量還是較大的，讀者的反應是良好

的，也讓我對這次在臺灣文史哲出版社的出版，
增加了自信。這些文字能在臺灣文史哲出版社出
版，是這些文字的幸運。希望臺灣的讀者能夠喜
歡我的文字。

　　感謝文史哲出版社付出的勞動，感謝讀到這
本書的讀者。

　　　　　　　　商　震　2018 年 1 月 18 日

001

漢人董遇是個好學之輩，又勤於勞作，便把讀書習文的事兒放在三個時間段，即："夜為晝餘，雨為晴餘，冬為歲餘"。由此可知，董遇是個北方農民。"夜為晝餘"不必多言。雨時不能耕作，便是"晴之餘"。冬天大地封凍，無農活可做，又近年關，便是"歲之餘"。

我喜歡這"三餘"，因為我做不到利用所有的"餘"來讀書習文。於是，我給自己的書房掛匾："三餘堂"。

有了"三餘堂"，我的那些"餘"，依然被我隨意揮霍。不是事務繁忙，不是紅塵猛烈，是我沒野心或無大志矣。

002

讀鍾嶸的《詩品》，對一段話感受頗深："氣之動物，物之感人，故搖盪性情，形諸舞詠。照燭三才，輝映萬有，靈祇待之以致饗，幽微籍之以昭告。動天地，感鬼神，莫近於詩。"

竊以為，此乃全書立論之基石也。

　　詩，一定要有“氣”。

我對一首詩的判斷，首先看其是否氣韻貫通，氣勢靈動；然後再看其“氣”之落腳處以及方向，至於溫婉或磅礴則屬詩人個體特徵。

“氣”是詩人外化的情感，“氣”要動，動才是創造。詩人“氣”動，才能讓天地、鬼神動。當然，“氣”與“動”要匹配得當，就是敘事與抒情的平衡，是詞語在表達現場隱身而彰顯趣味與意味。

　　外表的建築無論多美，沒有內在的詩人自己的感情貫穿，也是“豆腐渣工程”。

003

　　《春秋三傳》中，我不喜歡《公羊傳》。

　　《公羊傳》看來看去，像幾個人在寫一篇命題作文，或者是開一個庸俗的作品研討會。如果這幾個人不是圍繞著《左傳》去說，我是一定看不完的。認真地說，《左傳》並不客觀，也不可能客觀，像《史記》一樣有著作者的主觀色彩。如果把《左傳》改成《左丘明中短篇小說集》，那麼，《公羊傳》就是幾個在研討會上看“紅包”說話的評論家和編輯。

　　迎合、甜膩、穿鑿附會、主觀隨意是《公羊傳》的特點，儘管這老幾個是舉著天下大一統的大旗，但我覺得，旗下的陰影裡藏著他們想要得到的功名利祿。

　　自己獲利而遺禍後人，導致以訛傳訛，罪莫大焉。好在這老幾位評述的是《左傳》。

　　嗚呼，這部《公羊傳》曾是漢代國立大學的教材。

　　若是其他一些幾近垃圾的文字也有幾位名嘴、名家口吐蓮花地"微言大義"一番，當時明眼的人看了是踩著了狗屎，後來智慧的人看了就要不斷地吃蒼蠅、罵祖宗了。

　　名嘴，重要的是要管住嘴。我們曾經的教材裡不少"名篇"，誤導了幾代人。

　　我很喜歡曾國藩的一句話："未來不迎，當下不雜，既往不戀。"希望"名嘴"們也喜歡。

004

　　如果我把《左傳》改名叫《左丘明中短篇小說集》，肯定會遭到爆烈的鞭笞與橫飛的板磚。

　　上學時，《古代文學史》言之鑿鑿："中國的小說自隋代的《搜神記》始。"我輩只能信之諾諾。不信不背無學分矣。當然，彼時也無力不信，生疑是近些年的事。

史家確定我國小說從《搜神記》開始，大概基於小說是虛構的產物。由是，虛構與非虛構是小說與紀實的分野。近年，讀了巴別爾的《騎兵軍》及歐美的一些非虛構小說，恍然醒悟。我們那些偉大、正確的史學家看到的天，實在不大啊。我曾做過教師，在給學生講小說時，也大聲豪氣地說：小說的情節是虛構的，細節是真實的。這不知害了多少人。這裡向被我害過的學生們鞠躬道歉。

再說說《左傳》吧，《左傳》真的沒有虛構嗎？我存疑。

我可以確定，《史記》的許多章節都是虛構的。

在討論文學的力量時，我更相信非虛構。

005

又看到幾首寫"花開"的詩。女性詩人寫的。

多年來，看到太多寫"花開"的詩了，大多是青年女詩人所作，真是花放千姿，肆意流芳。

寫"花開"本無可厚非，但許多作品是寫性過程或性饑渴的情緒與現象，只是時間、地點、事件的淺表交待或虛擬、扭捏、曖昧的偽昇華，沒有進入詩本身，內容與情感割裂。這不是詩，是反文學的裝腔作勢。

寫"花開"，應自如、自信，當然，以不失自我審判為好。即便寫衝動的熱烈，也要保留在公眾面前的羞澀。"似"而不"是"，是詩歌的境界。

我是不是滿身的酸腐氣呀？對不起！在沒找到什麼靈丹妙藥治療我的酸腐氣之前，還是讓我自信地酸腐吧。曾有哲人說：不怕念起，只怕覺遲。我是反的：念未起，覺先到。

我覺得：不斷地寫"花開"，要麼是"花"無處開，要麼是每次"開"得都不滿意。

十幾年前，我讀到過一首安歌的詩，其中幾句我一直記得："我愛你/是大米愛老鼠/你不來吃/我就發芽/再不來吃/我就開花給別人看"。這幾句詩的藝術價值幾何，這裡不討論。我要說的是：這幾句詩有著情感的創傷性經驗，"花開"是為了炫愛，而不是炫"開"。

其實，能感動人的髒話，也是好詩。

006

　　孟子是個大散文家。我說的孟子是"孔孟之道"中的孟軻。

　　孟子的散文氣象浩大，淋漓磅礡，充分表現了孟先生的文化修養和個人的精神力量。開合有致，雄辯時刀刀見血、槍槍不離咽喉。當下的許多散文家應該羞愧。

　　如果孟子沒有那麼洶湧的政治抱負，沒有那麼多的殺伐之念，能靜下心來寫散文、寫詩，他的文學成就將比屈原先生大得多。當然，這是反常識的。現實生活尚不能假設，況歷史乎。

　　孟子為什麼傾心於政治？是時代需要嗎？我看未必。那麼多國王都是用嘴捧他，用實物供他，就是不聽他的"治國方略"，足見他的理論在那個時代不合適。

　　我認為孟子有政治狂想症，他這樣一個有文化修養的人，講學著述都會自得其樂，偏要和政治接軌，結果是滿腹兵器，也只能"荷戟獨徬徨"。

　　把心思放在政治前途上，就得絞盡腦汁去"治"，若專心寫散文、寫詩就會時時刻刻地想著愛。

　　惜乎！孟大散文家。

007

　　魏晉時期多文人閒士，但有骨氣的不多。名貫天下的曹植，不過是用八斗之才作了一首"七步詩"，救了自己一條小命，讓詩歌的社會功能發揮到了極致。當然，我絕不相信那首"七步詩"是現場即興所作，他怕被"煎"的情緒已經醞釀好幾年了。

　　我很欣賞晉代的陸機，他在面對死亡時的從容、淡定，顯示出了文人的風骨。司馬穎要殺陸機，便寫一紙密令給牽秀，牽秀率兵到了陸機的營中，陸機知道是來殺他的："秀兵至，機釋戎服，著白恰，與秀相見，神色自若。"臨死之前，首先把軍裝脫了，換上文人的服飾，要以一個文人的身份去死。這既是對司馬氏的嘲諷，也給天下文人樹立了榜樣。

　　《晉書‧陸機傳》這樣評價陸機的換裝："白恰乃清簡之物，陸機著白恰，是以明志，表明自己一身清正，一片冰心。"

　　曹丕不殺曹植，絕不是因為那首"七步詩"，有幾個政治家會被一首詩感動？曹丕是覺得文人都是軟骨頭，成不了大事。

008

　　第二遍讀《四書五經》等儒家經典時，就像洗澡一樣，把身體上角落旮旯裡的污垢找出來，搓掉，很是神清氣爽。這樣說，可能有些大不敬。

　　儒家文化對中華民族貢獻之巨大是毋庸置疑的，被奉為經典是實至名歸的。但是，從事文學創作的人，一定要警惕，儒家思想裡的等級秩序、倫理道德等禮教，都是讓人墨守成規、亦步亦趨的，是在壓制人的想像力。想像力受壓，創造力必匱乏。

　　由是，我想到了我國現當代的小說，有的淪為政治工具，有的一心要成為社會倫理道德的評判準繩，有的只是輕淺地娛樂大眾。近些年，又大有成為賺錢機器的趨勢。我姑妄言：現當代中國的小說對中國文學的發展貢獻實在是有限。當然，我也不能說，現當代小說家讀《四書五經》讀的沒有了想像力。

　　相對地說，詩人的想像力很難受到限制（混在詩人隊伍里的偽詩人除外），除了詩人先天的無羈性格外，真正的詩歌很少成為“載道”的工具。

　　《四書五經》一定要讀，也一定要搓掉它的泥巴。

009

　　我很欽佩管仲這個人，但不喜歡。欽佩和喜歡本來就是兩回事。

　　管仲用帶鉤的箭射殺小白（即後來的齊桓公）時，是那樣地勇猛、堅定、正義。但管仲的射術不精，一箭射到小白的腰帶上，小白沒死並將自己的哥哥糾弄死，小白就成了齊國國王—齊桓公。

　　齊桓公有志向，要稱霸，鮑叔牙就推薦他的發小哥們兒管仲。其實，齊桓公一直是想報一箭之仇的，但管仲跑到魯國去了，現在鮑叔牙又要推薦管仲來輔佐他，他略一沉思就答應了。齊桓公是政治家，無論敵友只要能為我稱霸出力，都用。管仲開始還害怕，見小白的政治野心很大，就放心了，使出渾身的解數來幫。齊桓公稱霸了，管仲也是第一功臣，功名利祿俱獲。

　　我不明白的是，管仲的情感是怎麼突然轉變的。保公子糾與小白死拼，令我讚歎不已，可怎麼一轉臉就成了小白的鐵桿。管仲是什麼人呢？他過去對公子糾付出的情感可信嗎？幫齊桓公建霸業是不是也在完成自己的功名？結論只有一個，管仲是有文化的政治家。政治家和政治家合作，一定是交換。

三國時，人們罵呂布是三姓家奴，管仲不是三姓嗎？公子糾，魯國，齊桓公。

有個自比管仲的人，叫諸葛亮，但他對劉備是忠貞不二的。

010

讀一篇閒文，《世說新語》載："郝隆七月七日，出日中仰臥，人問其故，曰：我曬書。"此郝隆君雖有賣弄炫耀之嫌，但也足夠引起我羨慕嫉妒恨了。

我也算讀書人，家中藏書亦是幾千冊。但與郝隆比，真實羞愧難當。我的書一部分是工具書，一部分是"學以致用"的書，一部分是買來擺在書架上裝潢的，或者告訴自己這本書我有了，有而已。我肚裡那點為了用而讀的書，敢在光天化日之下露出肚皮曬嗎？儘管我很瘦，露出來的贅肉也肯定比書多。

讀書如吃飯，有人長贅肉，有人長力量。我是兩樣都不多，空費了許多糧食。

一位老師告訴我：讀十萬字可寫一萬字。我試過，不靈。後讀百萬字寫一萬字，方有幾分自信。

011

　　因經常出差，我把讀書的時間大多放在飛機、火車上，放在外地的賓館裡，這些工作的途中和暫停的時間，用來讀書很是愜意。唯一的憾事就是常把書丟在飛機、火車和賓館裡，有時一本書我要買回來三次才能讀完。讀什麼書？舊書。年輕時讀過，那時摸高不夠，未得精髓，讀得不細，義理或細節無法串聯。時日曠久，現今已模糊不清。

　　最近買了一套口袋書，小開本，可裝入衣袋，免去了許多丟書之苦。這套書夠老舊的了。《詩經》、《論語》、《左傳》、《離騷》等等。讀這些書真正體會到了“溫故而知新”。

　　這兩天讀《論語》。子曰：“君子周而不比，小人比而不周。”讀罷此句，心裡苦笑。幾千年了，“君子”與“小人”之分沒有絲毫的變化。

　　現在，我把這十個字按我的理解翻譯一下：襟懷磊落的人，是以忠誠、信譽和遵守社會公德來團結人並結成兄弟伙來做事，絕不做以飽私利為條件的交換，這樣的人會長久地受大家的尊重；卑瑣陰暗的人，以謀私利、損公德來相互勾結，不利己不做事，做了損人利己的事會自鳴得意，認為別人不會察覺，或自己不看別人對他的鄙視，這些人，只是階段性地合夥做事，絕無忠義的團結。

孔夫子忘了交待一句，我給補上吧："君子"常隱身，"小人"常顯形。

012

祖上有遺訓："半部《論語》治天下。"

想"治天下"的人讀"半部"就夠了，像我這樣只讀字詞句章的人，把整部《論語》讀完了，也沒看出"治天下"的道道兒來。孔夫子說了很多"治國齊家平天下"的道理，卻對文學創作說得不多。那麼，是不是在"治國平天下"這件事兒上文學創作並不重要呢？

如果這樣認定，似乎對孔老師有失公允，他老人家雖然對文學方面說得不多，但說起來也是一句頂一萬句的。比如："詩三百，一言以蔽之曰：思無邪。"多精闢，多確定。後世無人批《詩經》，再批就是反孔聖人，反"仁義禮智信"的儒家思想。孔老師說得最好的關於文學創作的話，是下面這一句："質勝文則野，文勝質則史。文質彬彬，然後君子。"

　　這句話對文學創作提出了近乎苛刻的要求，文章的內容與形式的關係應該是"文質彬彬"。現在，很多人寫文章是"文勝質"，生活不真實，情感不真切，卻能寫得絢爛、宏大，像一件豪華、昂貴的服裝穿在稻草人身上。

　　孔老師要求寫文章要像做君子，表裡如一，內外和諧。兩千多年了，其難甚矣。

013

　　明末清初時有一個人，學識、襟懷、勇氣堪稱獨冠，此人乃黃宗羲也。

　　黃宗羲是明末的大知識分子，還是個軍事家。清軍入關後，他官至左副都御使，為反清復明輾轉鬥爭，清政府曾懸賞四處緝拿他。直到1661年明朝流亡的永曆帝在緬甸被捉，反清的戰火才算熄滅。而此時，黃宗羲已年過半百。他改頭換面、隱姓埋名，回到江蘇老家侍奉老母親。若黃宗羲至此便在人間化為無影，會讓後世生出許多猜測和更多的敬重。

　　但黃宗羲覺得自己這滿腹經綸和一腔熱血還沒釋放完，就著書立說。他先寫了一本《留書》。何曰《留書》，乃留給後人看的書。如此，我認為黃宗羲是為天地立心，為生民立道。可後來，他又寫了《明夷待訪錄》，我就大為矛盾：“你的主子已被滅，你效忠的明朝已被清朝取代，你還待誰來訪？等清朝的皇帝康熙嗎？”

《明夷待訪錄》是一部治國大綱，政治、經濟、軍事、文化、教育等等無所不有，書中體現的是黃宗羲的才智和理想。當他取名《明夷待訪錄》時，就充分地表現了知識分子的弱點：像小妾，待人寵。

“明夷”來自《周易》卦名，六爻八卦我不懂，不敢妄言。只知《易‧明夷‧爻》有“箕子之明夷”。“待訪”是等待明主聖君來訪並採用，也會“如箕子之見訪”。這是一段故事。

箕子是商紂王的大臣，曾因勸諫紂王被紂王囚禁。周滅商後，周武王釋放箕子，並親自拜訪、請教治國之策。

到此，黃宗羲的《明夷待訪錄》要幹什麼就昭然若揭了。

“生是某某人，死是某某鬼”，這句話最初應是知識分子說的，最後執行起來，恐怕知識分子的比例不會高。

有知識，沒有挺拔的脊樑，就會發生滿腹詩文，盡幹斯文掃地的事。

014

　　讀《曹劌論戰》，為曹劌幸福著。為臣為將者，能被君主、決策者信任，而且君主放棄自己的主張，對臣屬言聽計從，不易。歷史上這樣的事兒，有。但都沒有曹先生幸福指數這麼高。還有一個幸福指數高的是諸葛亮，劉備也對他言聽計從，只有一次沒聽，就遭到"火燒連營"，羞死白帝城。劉備是糊塗一時啊。

　　人都有糊塗一時的時候，但有些關鍵時刻的糊塗會致命。尤其在用人，關鍵位置的關鍵人，能決定全局成敗。

　　說到"三國"，就想到一個人—馬謖。這個馬秀才，比曹劌先生小六百多歲。馬秀才自稱飽讀詩書、韜略滿腹，天文地理、兵書戰策無所不曉，請命去守街亭，他用課本裡的高談闊論去解決具體問題，結果把街亭丟了，導致蜀軍大潰敗。我覺得，馬謖是"應試教育"的優等生，可以誇誇其談，辦起事來就水襠尿褲。

　　決策者旗下戰將若是曹劌，其幸莫大焉。如果旗下是馬謖，那還要找諸葛亮學學怎樣擺"空城計"弄險。

015

因了陶淵明先生的《桃花源記》，去桃園縣遊覽"桃花源"。究竟有沒有"桃花源"？這個問題就像問有沒有神仙和妖怪一樣，說有者必有，說沒有者必沒有。

桃源縣的人乃至湖南省的人都一口咬定："桃花源就在湖南桃園縣。"

我也希望有個"桃花源"。陶淵明先生設定了個理想國，我應該去看看甚至想我為什麼不可以設定一個呢？理想國是生活的動力，主要是能洗去紛亂和疲憊。人人都有個理想國，將何其幸甚。

理想國是個"不知有漢"的慢生活。傳說中的神仙過的都是慢生活。"天上一日，地上一年"，"洞中方七日，世上已千年"，這種慢是寧靜，而強大的力量都是來自靜穆。

我曾試想躲到一個地方，沒電視、電腦、電話，關掉手機，一包茶、一把琴、一本閒書地過幾天寧靜的日子，但也只是想想，無法實現。不是我做不到，是我已被紅塵染透。

我走到桃園縣的"桃花源"洞口，有幾位抬滑竿的師傅在叫賣生意："坐滑竿吧，三十元到世外桃源。"我看著他們，就笑了。三十元就能去的桃花源，肯定不在世外。還有，理想國是不能用錢買的。

016

"失街亭"是諸葛亮軍事、政治生涯的轉折點。諸葛亮一生謹慎，怎麼會犯這麼大的錯誤呢？不是他看錯了人，是被馬謖給蒙了。

馬謖貌似兵書戰策無所不知，天文地理無所不曉，講起話來誇誇其談。其實，馬謖是個只讀目錄和梗概的人，唯一長處是強記。劉備沒被馬謖忽悠，是因為劉備文化不高，只看實際能力，而諸葛亮有文化，喜歡文化人。當官的暴露喜好，就是暴露軟肋。於是，馬謖成了參軍。諸葛亮每做一項決策，馬謖都會做一番有條有理的具體分析，來證明諸葛亮這項決策的英明偉大。長此以往，諸葛亮的謹慎對馬謖就有些鬆動。當官的，最喜歡的事是有人崇拜、熱愛，若得到馬謖等有見識、有聲望的人的崇拜和熱愛，就更有說服力了，更會洋洋自得了。再說，"街亭"是彈丸之地，釘個木樁都可能把司馬懿嚇跑，何況去的是個懂兵法的參軍。

　　馬謖沒有真學識，沒有真學識的人都想證明自己有學識，就表現得剛愎自用，其實是不著調的胡來。結果怎樣大家都知道了，諸葛亮不能殺自己，就把馬謖殺了。

　　古往今來，馬謖者太多，不信你就往身邊看。老百姓身邊有個馬謖，不過是茶餘飯罷有了談資，而決策者身邊有馬謖，百姓就得收拾好行囊，隨時準備遷徙。

017

　　現代文明很大程度上體現在科技的進步上，也就是技術的發達。技術能力作用在自然環境上，是進步性的開發，也是滅絕性的破壞。我們常說創造力與破壞力同在，是否有利於社會，就看怎樣把握創造與破壞的比例。

　　詩歌寫作也是一樣。

　　前些日子，一個朋友給我一些詩歌，我看了就皺眉頭。意象之密，技術手段之全，一首詩就可以開個技術博覽會。技術手段用得過密，看上去很新奇，但幾乎把詩意破壞殆盡。一首詩從你的筆記本走出來，就是要給人讀的，是要傳達藝術感染力的，達不到感染人的效果，這首詩就失敗了。當然，我指的是好詩。至於眾口難調，則是另外一回事了。

由是，我又想到了我們的評論家們。好多評論文章洋洋灑灑都是在賣弄術語，或可稱為技術手段大觀，這些文字只對一（首）部作品進行技術拆解，絕不談優劣，不談文學創造與藝術性。讓我生出：技術有時是遮羞布，有時是妓女立的貞潔牌坊。

我覺得，詩意能順暢表達時，最好就別去用技術手段。「妝罷低聲問夫婿，畫眉深淺入時無」，即直接又樸素，更能直抵心底。

其實，好作家（詩人），技術手段早已溶解在樸素之中了。

018

明代的人，都不大敢說真話，尤其是已有些身份的人。

王陽明是個例外。他敢抨擊時政，敢公開和「程朱理學」做對。明代中葉，貧富分化嚴重，政府的公信力已經嚴重危機，官府和百姓之間的矛盾已經白熱化，時有農民起義發生。王陽明站在統治階級的立場上，一方面鎮壓農民起義，一方面高呼「破山中賊易，破心中賊難」。這「心中賊"就是指政府的貪官污吏，就是遍佈社會上層的反老百姓的慾念。

這種"破心中賊難"的觀點很多人都懂，就是不明說、不抵制，而且是齊心合力一起貪腐，表現出一種誓把明朝弄垮的決心。

王陽明公然說了也做了，但杯水車薪。繼而，他想身外無物，想躲避真實的自己。他的短文《南鎮觀花》，解讀的版本很多，但都認為是他"心外無物"的論斷，是貝克萊哲學中的"存在即為被感知"。從理性上說，這些解讀應該是可以接受的，且幾百年都是這麼認可的，我也不敢冒天下之大不韙。但若唯其如此別無他說，那也把王陽明先生看得太簡單了。

我肯定王陽明不是烏托邦的"單面人"。一個人，一個有思想的人，一定是個複雜經驗的綜合體。所以，我認為《南鎮觀花》不僅是哲學的，更是對人間煙火、花鳥魚蟲的艷美與隱忍。且看全文："先生游南鎮，一友指岩中花樹問曰：天下無心外之物。如此花樹，在深山中自開自落，於我心亦何相關？先生曰：你未看此花時，此花與汝心同歸於寂。你來看此花時，則此花顏色一時明白起來。便知此花不在你的心外。"我的解讀是：當你知道那些鮮艷可愛的花草在山中開著時，你心中的花也開了，看你有沒有能力、願不願意感知它，享受它。

　　唉，是不是對陽明先生大不敬了。區區可深躬，不言得罪。

019

　　看到一組愛情詩，一個朋友問我：這組詩好不好？我看了看，說：不好。扭捏作態，只注意詞語的絢爛，不坦誠地表露真情，詞語的遊戲而已。愛是神聖的，當神聖性不在時，必然會墜入世俗化的語境中。穿著華麗外衣的，常常是肥皂泡。

　　愛情詩大概是詩歌品種裡產生最早的，但一直都少見精品。當下的所謂愛情詩，我看不出來是僅為了寫一首詩而借用愛情，還是為了向所愛的人表達情感而借用詩歌。因為，過於膨脹和誇張，弄巧或裝扮，其真實性就顯得可疑。不僅是愛情詩，那些宏大題材的作品，更是如此。

　　我覺得愛情詩一定要實，要傳達到你要傳達的地方，要延長接受對象的感受時間，要增加接受對象的情感難度。當然了，按教材的說法，愛情詩亦可分兩種：一種是流氓型（單相思）的，即：我愛你、想你，不管你愛不愛我、想不想我。另一種是呼應型，是互傾心境。我們看到的作品大多是單相思的。

我想講兩個故事。一個是《西廂記》裡，張生夜半偷看鶯鶯小姐燒香，春心蕩漾，隨即吟詩一首：“月色溶溶夜，花陰寂寂春；如何臨皓魄，不見月中人？”鶯鶯也正是花期盎然，隨即和了一首：“蘭閨久寂寞，無事度芳春；料得行吟者，應憐長嘆人。”這對鴛鴦就因為這兩首好詩而成了千古絕唱。

還有一首是挽救愛情的詩。曾讓“洛陽紙貴”的司馬相如到京城當官了，就想換個老婆，可又不好意思開口，拖了五年給卓文君寫了一封信，只是一些數字：“一、二、三、四、五、六、七、八、九、十、百、千、萬。”這十三個數字的家書，卓文君反覆看，明白丈夫的意思了，數字中無“億”，表明已對她已無“意”。卓文君知其心變，悲憤之中就用這數字寫了一首詩：

一別之後，兩地相思，說的是三四月，卻誰知是五六年。七絃琴無心彈，八行書無可傳，九連環從中折斷。十里長亭望眼欲穿。百般怨，千般念，萬般無奈把郎怨。

萬語千言道不盡，百無聊賴十憑欄。重九登

高看孤雁，八月中秋月圓人不圓。七月半燒香秉燭問蒼天，六月伏天人人搖扇我心寒，五月榴花如火偏遇陣陣冷雨澆花端，四月枇杷黃，我欲對鏡心意亂；忽匆匆，三月桃花隨流水；飄零零，二月風箏線兒斷。噫！郎呀郎，巴不得下一世你為女來我為男。

司馬相如對這首用數字連成的詩，越看越羞愧，覺得對不起對自己一片痴情的妻子，終於用駟馬高車親自把卓文君接往長安。

如果說詩歌的社會功用，愛情詩表現得是十分突出的。敢愛，能寫，會寫（有感染力），何愁不讓愛人動心動容，何愁不被我等叫好。

020

近些年，明朝的事被折騰來折騰去，文學、社會學、歷史學各個行當都在折騰，何也？老百姓愛聽愛看矣。老百姓未必都在讀文學、社會學、歷史學，他們在讀當下，從明朝看當下。當下人讀史都是在讀當下。明朝和封建社會的其他王朝有些區別，但從建國到滅亡的過程大致一樣。

我眼中的明朝是這樣的。

　　朱元璋值得佩服不值得熱愛，一個平民出身的人，有勇氣、有膽識，敢想自己要黃袍加身並以自身的能力實施成功，確實令人讚嘆、佩服。天下能有幾個人真正實現好夢成真？朱元璋成功了。但，朱家十幾代人一直沒養成胸懷天下的帝王之氣。無天下擔當，又內部爭鬥頻發，官宦們驕奢淫逸，貪腐成風，視百姓如草芥。最典型的是那個萬曆皇帝，讓一個妃子擺佈得無所適從。沒有天下百姓的皇朝必然被天下百姓拋棄。王族貴冑，先要樂盡天下之樂，這是一定的，百姓也是無力阻擋的；但心裡不能沒有百姓之憂。全無百姓之憂，百姓們就只有給它帶來更大、更徹底的憂。明朝到了萬曆之後，氣數就基本盡了，大踏步地向滅亡前進。明朝，是自己的皇族、官宦們消滅了自己的王朝政權。當然，任何一個王朝的覆滅，都是自己把自己葬送的。

　　今天，老百姓讀明朝那些事，不就是希望正在腐敗著的官員們也讀讀明朝史，能"以史為鏡"嗎。

021

　　我們的祖先，對人及事的判斷比較簡單，就

兩個字：善。惡。也就是說，人事繁複，無非善惡。所以有「人之初，性本善」，或「人之初，性本惡」。

我認為這兩個觀點都對。人之初嗎，不知善惡為何物，接受了善的教育，就是性本善；接受了惡的教育，就是性本惡。也有說人是「善惡混」的。比如漢朝的揚雄便是如是說的代表。公說婆說還是媳婦說都有道理，都能自圓其說，但也都不是無懈可擊。重要的是性善、性惡、善惡混的爭論，徹底地確定了我大漢民族對人與事的價值判斷標準是：善或者惡。接下來，我們就要問：是誰的「善」與誰的「惡」了。妖怪們以吃到唐僧肉為「大善」，孫悟空以不讓妖怪吃到唐僧肉為「大善」。妖有妖的「善」，猴有猴的「善」。

我肯定地認為，中國人的「善」，還是約定俗成的儒家思想，即：仁義禮智信，忠孝廉恥，溫良恭儉讓。有悖於這些內容的，就是「惡」。

我是個喜歡把複雜問題簡單化處理的人，對善對惡的態度也只表現成兩個字：愛，或者憎。看一個人，是愛善還是愛惡，大概就是判斷這是個善人還是惡人的分水嶺。

當然了，仁義禮智信等等這些教義，不是法律，所以，有人可以大大方方地背道而馳。

022

前一段時間，不知怎麼就想再讀讀《西遊記》，讀著讀著我就想，當下圖書市場熱賣的是諜戰小說，電視裡熱播的是諜戰劇，如果吳承恩先生那時設計一下，把這個取經隊伍里安排一個內奸，這個內奸一路把唐僧的行蹤賣給各路妖怪，讓孫猴子一邊打妖精一邊抓內鬼，讓八戒、沙僧、白龍馬互相猜疑、指責。那樣，跌宕起伏的情節，一定比現在這樣有板有眼地有看頭。而且重要的是，吳承恩先生一定會混個"諜戰小說之祖"的稱號。

待讀完，仔細一想，吳先生沒這樣安排，不是他不懂，是他看得更開闊、高遠。其實，吳老師對小說的整體安排很具現代意義。

諸君請看：安排唐僧去西天取經和安排妖怪一路阻攔的，同是如來佛、觀世音、玉皇大帝等天上那些不人不鬼不仙的傢伙們。這幫傢伙全然不顧肉眼凡胎的唐玄奘一路心驚肉跳、寢食難安。折騰他的理由是：想要從我這拿走點東西，沒那麼容易，儘管你唐先生拿這東西是要去普渡眾生、救萬民於苦海，但也要你時刻記住是"我"給你的，不關萬民的事。

　　吳承恩先生這部小說還有一個隱喻，那就是：天上那些傢伙們，把唐僧等和妖怪等都安排上路後，他們坐在大殿裡，喝著御酒，吃著蟠桃，含著仁丹，時而大笑，時而微笑，偶爾也狂笑地看孫猴子和妖怪打架，他們捋著沒幾根毛的鬍鬚（大多數不男不女的沒鬍鬚），說：好，好，好一場耍猴的好戲。

　　嗚呼！孫英雄一路兢兢業業、捨生忘死地苦戰，不過是他們在上天安排好的“耍猴”。

023

　　趙匡胤兵變奪得皇位後，就“杯酒釋兵權”，怕有人效仿他再奪了他的天下，所以，宋朝一直重文輕武。在宋代，很多詩人墨客犯了多大的錯，也只流放不殺頭。歐陽修和蘇軾一生顛沛流離就是典型的例子。

　　但坊間有傳，說是善詩文的丞相王安石，不容身邊有更大的詩人墨客，就想辦法把這些人流放了，用今天的話說就是：整人。

　　王安石的詩文我還是喜歡的，就一直不相信詩人會整詩人。近日，想起曾看的一篇小文，才明白蘇軾先生著實犯了一大忌，王安石也著實有不容身邊詩人墨客之嫌。

　　說有一天，蘇軾到丞相府去拜訪王安石，恰好王安石在接待別人。蘇軾覺得自己是王丞相的哥們兒，詩人的天真常常是認為凡是寫詩的人都是好朋友、好哥們兒。他便自己溜躂到王丞相的書房，看到案几上有一首王安石未寫完的詩："昨夜西風入園林，吹落黃花滿地金。"蘇軾看完就笑了，默念："王丞相的詩把季節弄錯了，菊花在秋天正是開放的時候，怎麼會落呢？"若只是想到此也就罷了，可蘇軾偏偏不把自己當外人，提筆教訓了兩句："黃花不比秋花落，說與詩人仔細吟。"不久，蘇先生就被外放到黃州做團練副使去了。

　　蘇先生太詩人氣，或叫幼稚，他不懂得王安石首先是丞相，然後才是詩人。王先生偶爾玩幾句詩，是能寫詩的政治家。而蘇先生只看到了王先生詩人的一面，忽略了王先生是丞相。

　　政治家可以舞文弄墨，但決不能當文朋詩友來相處。蘇軾先生可能到今天都不明白，為什麼自己一直被外放，外放到終老。

024

　　我說白居易是殺人犯，絕不是譁眾取寵，危言聳聽。

　　白居易閒遊於徐州，當時的徐州刺史張建封在自己的宅院"燕子樓"接待他，在座的還有張仲素。張刺史豪情、仗義，並對詩人極為尊重，喝著酒，性情就無遮攔了。張刺史遂把新納的妾關盼盼喚出來以歌舞助興。關盼盼何人也，乃徐州一代名妓耳。酒罷幾巡，歌舞幾輪，老白高興了，也有些雲山霧罩了。當然，心裡應該是蕩漾著醋意的。於是，即席賦詩："醉嬌勝不得，風嫋牡丹花。"看看，醉翁之意非為酒吧。

　　幾年後，張建封病逝，張的妻妾俱散，唯關盼盼矢志守節，足不出戶，與世隔絕。

　　一日，張仲素進京，將張刺史之死及盼盼守節等告知老白，同時拿出盼盼的三首詩。三首詩都是悼念張建封的，寫得好。我認為不比白居易寫得差。老白看了，頗為感動，就和了三首。和了也就和了，權且當做是職業詩人指導業餘作者啦。可老白的醋意又上來了，我估計當時的白居易心裡想：噢，張建封死了，你這妓女出身的還為他守節，那你怎麼不隨他去呀。於是乎，老白又寫了一首催命的詩：“黃金不惜買蛾眉，揀得如花四五枝；歌舞教成心力盡，一朝身去不相隨。”表面上看，是說他哥們兒張建封怎樣把盼盼買回來、教歌舞累得心力憔悴，可是末一句“一朝身去不相隨”說誰呢？所以，這整詩都是在說盼盼，是催逼盼盼以死相隨。

張仲素是個好事之人，天下好事者大多是傻子。按說你要是讀懂了這首詩，就不能給盼盼看的，可這張傻瓜原封不動地把老白的詩轉給了關盼盼。盼盼讀了這首詩，曰：“我之所以不以身相隨，只是擔心百年之後，人家反而污指張公，說他在生好女色，死有妾從葬，有辱張公清白也。”隨之，也和了一首詩。不數日，絕食而死。

白居易一生樸實、戀家，雖然也常出入青樓、花街聽聽琵琶賞賞歌舞，但老白與他同時代的詩人比，花花事兒算是少的。也許自己的花花事兒少，就對別人的花花事兒生妒意釀醋意。於是，他揮筆殺死了關盼盼。

幾千年至今，就是有這樣的人，自己開不出花來，絕不願意看到別人開花，於是就鬼鬼祟祟地寫匿名信、製造謠言，破壞別人開的花。白居易尚且如此，況凡夫俗子乎。

025

說起左思讓"洛陽紙貴"，我就說：那要感謝潘安。

說起中國歷史上的美男子長什麼樣兒，已經約定俗成了："貌比潘安，顏如宋玉"。

這潘安和左思是好朋友，哥倆兒一起到京都洛陽謀發展，一路上，潘安得意得不得了，而左思則備受打擊。潘安長得挺拔結實，眉清目秀，唇紅齒白，面如脂粉；左思則矮小瘦弱，面色如土，五官像包子褶似的擠在一起。人們可以毫不避諱地當著他們的面說："這潘安長得太漂亮了，左思實在是太醜了。"

潘安坐著馬車在街上走，滿街的大姑娘小媳婦都跑過來往車上扔鮮花、水果，一條小巷走下來，就"香果盈車"了，而左思出門就遭嘲諷。估計，那時若有城管隊，這些大姑娘小媳婦一定會到城管隊要求把左思抓起來，她們要舉報左思的相貌影響市容了。

潘安飄飄然地在享受著中青年婦女的讚譽，左思就果真足不出戶了。左思在屋裡發憤讀書寫作，終於寫出《三都賦》，洛陽城裡人們爭相購買，《三都賦》不斷地加印，使得洛陽的紙張大大地漲價。由是可斷定：若沒有潘安的美貌相襯，或左思長得也讓大姑娘小媳婦青睞，左思肯定是不會寫出《三都賦》的。

歷史上，因體貌不佳被世俗嘲弄進而發憤有成的人不少，"洛陽紙貴"只是其中一例。我不知道還有一句俗語是否因"洛陽紙貴"而生，那就是"頭髮長見識短"或"人不可貌相"。

歷史文獻上把體貌不佳者稱為"異人"，又常說："異人有異志"，這"異志"，不知是不是指"不凡"。

026

孔子是個大教育家，但也做誤人子弟的事。

一次，他的學生子夏問他："巧笑倩兮，美目盼兮，素以為絢兮。何謂也？"孔子把眼珠轉了三圈，然後輕描淡寫地說："就是在白紙上畫畫。"

我估計當時的子夏還未成年，孔先生怕子夏早戀，故不解釋成：這是讚美少女的漂亮可人啊。

記得十年前，滿大街的商舖都大聲豪氣播放一首歌《女人是老虎》，歌詞的大意是：老和尚告誡小和尚，到山下化齋遇到女人要躲開，因為她們是老虎（老和尚一定被女人咬過）。這和孔子對子夏解釋《詩經》那幾句環顧左右而言他異曲同工。孔子和老和尚為什麼這樣說？結果是怎樣？這裡就不必多說了。

孔子給子夏解釋那幾句詩歌，我覺得孔先生也是那個叫小和尚躲開女人的老和尚的心態，或者那個老和尚就是跟孔先生學的。

該不該對學生講真話，這是教育問題，我不敢說。

孔子說："不學詩，無以言。"可孔先生為什麼讀著詩也無以言，甚而胡言呢？顯然孔先生把男女情愛當做成人的隱私，成人的事情不能教，只能學生自己悟。不難想像，那些悟不出來的愚笨者，就只能胡為了。當然，我不敢說：孔子自己本是喜歡"巧笑倩兮，美目盼兮，素以為絢兮"，卻故作漠然。

其實，我最糾結的是：孔子對《詩經》是極為看重的，為什麼遇到詩中這麼簡單的問題也要迴避呢？難道碰觸到了孔先生的敏感神經？

027

有一幼童名喚：王奕仁。兩歲半時便聰明可

人，尤其是口齒伶俐，記憶力超群。他父母教他背古詩，不久，他便可以背出幾十首且能學著講解。

一日，其父領他到我書房，指著我說：“奕仁，這就是個詩人，你給他背一首詩。”他看著我，眨了眨眼睛，開背：“鋤禾—午，汗滴—土。誰知—餐，粒粒—苦。”

他爸爸很高聲地說：“平時背得滾瓜爛熟，怎麼到這兒就忘了？”

我說：“他沒忘，他給刪改了，而且刪改得好！”

好詩都是三行刪去兩行後，改出來的。詩，不是說明文，不必把時間、地點、來龍去脈介紹得十分清楚，應該留下些空間給讀者。任何一首好詩都是詩人和讀者共同創造的。詩若偉大，讀者也要偉大；讀者若偉大，詩才能偉大。二者缺一不可。再說，詩的語言一定要有限制，不懂得語言精煉的詩，就是一灘爛泥。我看到現在的很多詩，言詞散亂，甚而無際無涯，這種隨意性會傷及詩歌的本質，掩蓋詩中應有的詩性意義。

詩寫完了，再讀幾遍，若有還能切割的就要毫不惋惜地切去，留下的空白，可能會產生更悠長的迴響。

簡明、俐落和通玄達幽並不矛盾。

　　我就認為王奕仁小朋友把這首膾炙人口的詩，刪改得好！

028

　　因覺得自己知識貧乏，就逼迫自己養成了逢書必讀的習慣，大有"補讀平生未見書"之氣概。曾號稱：書到我手裡，決不會空置不讀。為此，二十年前受益匪淺。

　　近些年讀書，傷心事不少。有一本寄到我案頭的書，水平高低且不論，只看那內容的組合，像大雜燴一樣令我哭笑不得。書裡有類似文學的文字，有旅遊說明，有菜譜，還有醫療驗方。

　　我狐疑：此書出版何益？有經驗者點撥我："此為評職稱而作。"

　　哦，評定技術職稱必須要有出版物，被評定的人能力如何，書的內容如何都不重要，這不是明晃晃的知識腐敗嘛！

　　也看到一些自稱"著作等身"的人出版的書，東拼西湊者有，胡言亂語者有，粗製濫造者有。就為了"著作等身"？附庸風雅也得沾了風雅的邊兒吧，若把出書也當做世俗的江湖，真是辱沒文字！

　　於是，我現在改變讀書方略，有些書一翻便棄，有些書讀得從快從捷。只有看到那些可藏之可把玩之的書，才在不大的書架上給它留一寸之地。藏書不難，難的是藏而能讀。

　　近幾年，最想讀的書，是能遣散胸中塊壘，或能激發拿起筆來抒懷的書。這樣的書，現在實在是不多。以至於幾十年來，我的枕邊書依然是《道德經》和《三國演義》。

　　讀書和喝酒不同。喝酒是為了一醉而快，儘管醒來是"愁更愁"，但那一時之快，足以釋放一定的壓力。讀書則不然，讀書是為了給自己帶來種種縈繞於心的難以描述的持久的快感。

　　喝酒是一夜情，讀好書是理想中的愛情。

029

　　一些人寫了同題詩，朋友拿來讓我評評。我就言無忌諱地說了甲優乙劣等等。友問："同題，因何差距這麼大，難道是觀察的角度問題？"

　　我："不是寫什麼，是誰來寫。詩人的能力、境界決定詩的品質。觀察的角度當然很重要，有多少種觀察的角度，就有多少種生活的現實。角度會決定視野。"

同題詩，我建議不要做。每個詩人的生活經歷和情感經驗不同，駐紮在每個人身上的現實也不同。寫同題詩時，名為同題，詩人寫的還是自己的經驗，所選的觀察角度也必然受到自己的經驗限制。於是，同題詩出來，必有離題之人之詩。評判起來，難免失準。

再者，一旦設定同題，就事先給詩歌施加了重量，讓詩歌的翅膀有了束縛。寫起來，要麼為了貼題而使詩歌滯重，要麼浮光掠影。

詩人寫詩，要象鳥兒飛翔那樣輕盈，不能像企鵝那樣笨拙（絕無詆毀企鵝之意），也不能像羽毛那樣輕浮。

任何事物都有重量，看誰能掌握輕快的秘訣。詩歌輕盈的秘訣是，寫自己想寫的，愛寫的。

030

善喝酒的人，大多有過醉酒的經歷。我本人就常常喝醉，而且我還經常在酒桌上向酒友們發佈我的謬論："眾人皆醉我獨醒者，此人可疑。眾人皆醒我獨醉者，此人也可疑。" "一個不敢喝醉的人，肯定是個包裝得很嚴的可怕的人。"

　　為什麼求醉？無它，蓋因心有不平，情有未了。我認為善醉者有幾種人，一種是行屍走肉般地活著，靠醉酒給自己帶來一點刺激，用酒精證明自己是一個活著的人。這種人可憐可悲也可恨，因為他們酒醉之後，常常犯一些低級的社會錯誤，會招來眾口一詞的"討厭"。此種人的酒醉，我命名為"肉醉"。

　　還有一種人，平時可能是聞名遐邇的人物，頂天立地的漢子。他們有知識、有思想、有身份、有成就，甚至還有一群擁戴者；平時把自己繃得很緊，然而當他們面對知己或遇上完全可以放鬆地打開自己的朋友時，便毫不設防地喝起酒來。說著聊著，就開始用酒醍醐灌頂，在不知不覺中喝醉。醉後便是滔滔的傾述，所傾述的內容，都是從心底最深處掏出來的，都是窖藏了多少年，剪不斷，理還亂，發了芽，長了枝，一提就心酸，不提還心疼的情感故事。有"此情可待成追憶"的；有"山盟雖在，錦書難托"的；至於愛到不能愛，聚到終須散的─更得醉。此類人醉後，目光僵滯，神情木訥，咬牙切齒，捶胸頓足，自己跟自己較勁。大多都會感嘆，唉，"恨，恨，那可論！"啊。這種醉，當然是"醉翁之意不在酒"了，我覺得這種醉可定為"情醉"。

　　還有一種醉是心裡失衡引起的；漲不上工

資，沒評上職稱，分不到房子，孩子沒考上學，生活過得沒別人好，甚至是鄰居買了汽車，同事娶了小媳婦等等。這種醉是用酒來發洩。醉一通，罵幾聲，睡一覺，天一亮照樣上班。我認為這種醉可視為是"志醉"。

無論是哪種酒醉，都和喝酒人的生活環境、情感經歷有關，"酒不醉人人自醉"是老祖宗總結出來並放之四海而皆準的道理。

我從未害怕過酒醉，也不反對酒醉。想想看，人生得意處只有一二三，而不得意處卻占七八九，這七、八、九的不得意，當如何了斷？能和誰較勁呢？自己把自己灌醉，儘管有逃避之嫌，但也是豪傑一回。一醉雖不能萬事了之，卻也是一時的痛快。古人面臨槍林彈雨尚且能"醉臥沙場君莫笑"，我們今天還拒絕"家家扶得醉人歸"嗎？

031

有人說：鏡子是最真實的。

我不這麼認為，鏡子裡真的是你嗎？你看見你的靈魂了嗎？如果詩人都以鏡子為榜樣，那麼，完全可以取消詩人這一稱謂，有攝影師就夠了。

　　詩人的真實是靈魂的真實，感受的真實，是鏡子無法折射的那一部分。

　　表象常常是假象。只對著事物的形狀、色彩發感慨、抒感想，是浮光掠影。

　　重要的是：感想，感慨，都不是詩。

032

　　某週日，晨起去前門書院寫字。有朋友吹捧我字寫得好並索字。我清楚得很，捧我是哄我，索字也是哄我。不過，我也是半年沒摸筆了，寫一些，揀好的送朋友，以回報朋友之哄，其實也是練練筆。

　　及到了畫案前才發現，我原來使用的狼毫筆不見了，就隨手拿起一支長鋒羊毫寫起來，嘴上還念叨：「書家不擇筆。」

　　我認真地寫了一陣，總是別彆扭扭的不如意，寫出的字，魂不守舍，無形無法。我不會怪我沒功力，卻抱怨筆不順手。當然是給自己解嘲。

　　說到筆，我想起讀到的《農耕筆莊》上一段話：「毛筆之品也，善狼毫者必輕捷勁健；擅羊毫者必溫厚守樸。」據此，看到我用羊毫筆寫的扭扭歪歪的字，知我尚缺溫厚守樸之能爾。僅輕

捷勁健，而不溫厚守撲，生活中必有許多短板，
留下許多可供小人攻擊的軟肋。

唉，從明天起，我開始用羊毫筆寫字。

033

魯迅先生曾寫過一首《自題小像》的詩，詩
中有一句是"靈台無計逃神矢"。許多解釋、尤
其是教科書上都說：靈台是心，神矢是丘比特的
愛神之箭。魯迅先生這首詩是表達心屬家鄉、祖
國，表現出誠摯的愛國情操。

我不能說這種解釋是錯的。但我更願意按自
己的方式解讀。一首詩，若只有一種讀法、一種
指向，一定不是好詩。至少是"烏托邦"的單面人。

好詩都是多稜鏡，從不同的角度看過去，會
有不同的風景。

某個子夜，失眠。我給一個朋友發短信：
"魯迅說，靈台無計逃神矢。靈台者，俗世也。
神矢者，你也。中箭者，自投羅網者也。"友
回："篡改大師的詩意，有罪。"我真的有罪？
人類若不是不斷地犯罪，現在可能還在樹上靠摘
果子活著或刀耕火種呢！

記得魯迅先生在"五·四"時期寫有一首白

話詩《愛之神》，寫到"愛神"在射箭之後，被
"一箭射著前胸"的人問他："我應該愛誰？"
他回答說："你要是愛誰，就沒命的去愛他；／
你要是誰也不愛，也可以沒命的去自己死掉。"
我覺得，這首詩頗像《自題小像》的白話體。

　　詩人寫詩時，審美方向未必是解讀者的審美
方向。說《自題小像》是愛國的讀者，一定是帶
著愛國的情緒去讀的；說這是首愛情詩的，也一
定是帶著愛情的情緒去理解的。決無執是執非之
別。詩歌不是紅頭文件，不是法律條文，不可能
有非此即彼的規定。

034

　　很喜歡鬱達夫。他有一首詩和一副對聯，我
時常背誦，講詩歌課時也常講。詩如下："猶有
三分癖未忘，二分輕薄一分狂。只愁難解名花
怨，替寫新詩到海棠。"對聯是："曾因酒醉鞭
名馬，生怕情多累美人。"真誠，坦率。有鐵
骨，有柔情。儘管這一詩一聯能有許多話題可
談，這裡都不贅。關鍵是他用詩歌定義了那些可
能瞬間即逝的感覺。

　　詩歌若不能定義那些轉瞬即逝的感受，詩有
何為！

035

　　十年前，我們幾個作家、詩人在騰衝閒聊，聊百態人生，聊飲食男女。徐小斌問我：“商震，諸子百家，你喜歡誰？”我不假思索地說：“莊子！”在場的人都說：一看你就是喜歡莊子的人。

　　莊子確實是我的偶像。莊子出身低微，最大的職務也僅是個縣級園林局的管理員。百家爭鳴時，也是亂世，諸子百家都在搶話筒，大家都生怕自己的聲音低了，別人聽不到。更有甚者，或在重要場合發佈奇談怪論，或把母牛的生殖器吊在房樑上蹦著高兒吹。莊子不幹這事。他不運動社會，不高聲批評他人，只躲在陋巷裡讀書著述。他不想影響嚙時的時政和人生觀、價值觀。他懂得“文章千古事，為官一時榮”這個道理。於是，布衣草鞋，糝湯野菜，與安靜為鄰，與寂寞為伍。幸運的是，這份安靜與寂寞讓莊子的精神是得到了大自由。只有精神自由的人，才會做出大文章。一部《逍遙遊》足以讓諸子百家羞愧，更別說《齊物論》、《養生主》等篇章了。

　　莊子不是靠批判社會的污濁來張揚自己、炫耀自己，他願意我口問我心。他對神秘的大自然很感興趣。一草一木，一山一川，風吹雲起，鳥鳴獸吼，在莊子眼裡，都可關情，也都可疏離。探則有幽，不探則皆是身外之物。社會上可以有我這個人，我可以沒有這個社會。其超拔脫俗之至矣。

超拔脫俗是需要強大的內力，不是喊幾句憤世嫉俗的口號，罵幾句社會的不公，喝幾場醉酒，放浪幾次形骸，就算超拔脫俗了。很多時候，我們看到的都是俗人罵別人俗的"賊喊捉賊"。

愚以為，莊子的重要貢獻是他的文章，千百年來安慰了太多的失意文人。

036

常看到一些寫東西的所謂作家、詩人自己撰寫簡歷，洋洋灑灑，千言之巨。簡歷的文字極為炫彩，甚至超過正文。每見如此，我便大為不快，並斷定：這一定是個不自信的人。簡歷嘛，要簡，說明你是誰就行。

我又要說莊子。司馬遷寫《史記》時，對莊子之介紹只有五條：

莊子者，蒙人也，名周。

周嘗為蒙漆園吏，與梁惠王、齊宣王同時。
其學無所不窺，然其要本歸於老子之言。
故其著書十萬餘言，大抵率寓言也。
其言洸洋自恣以適己，故自王公大人不能器之。

　堂堂的莊子，僅五行字簡歷，夠簡的吧？有
沒說清楚的嗎？沒有！來龍去脈明晰，評價客觀
中肯。
　今天，我們寫簡歷時，能不能用五行字？能
不能自信地再減到兩行或三行。
　作家是靠作品介紹、推銷自己，不是靠有吹
噓色彩的說明文。虛假廣告是要負法律責任的。

037

　說到莊子，就想起和他同時期的另一個聖人
級的人物—孟子。
　莊子和梁惠王、齊宣王同時，孟子也和梁惠
王、齊宣王同時。所不同的是，孟子和這二位王
都見過，並都遊說過這二位王。莊子卻沒見過這
二位王。當然了，那時莊子僅是宋國漆樹園林的
管理員，又不想在亂世中混個出身，所以莊子就
守潛默以葆光，藏陋巷以讀寫。

　　孟子則不然。孟子要逞辯才而揚己，遊說諸侯以獵名。那時的孟子，真是逮誰滅誰。每天象紮了雞血、吃了陽藥那樣手持利刃激情四射。他四處遊說諸侯，諸侯們都敷衍他。他不覺得諸侯是敷衍他，不認為諸侯對他那套無法治國的理論不感冒，反覺得諸侯們沒文化，難教化，或是聽信了其他人的歪理邪說。於是，孟子大人對他同時期的思想家、理論家、批評家一個都不放過地猛批狂罵。孟大人說，這叫："正人心，息邪說。"大有天下只能有一個話筒，並一定在我孟某人手裡，其他人的話筒，都是假冒偽劣。

　　話說到這，我要聲明：我絲毫沒有貶損孟子的意思。孟子是儒家思想的繼承和發展者，這是毫無疑問的。孟子是偉大的思想家也是毫無疑問的。我只是想說說孟子和莊子之比。

　　孟子與莊子同時代，一顯一隱。一個善在廣場上高呼，一個喜在僻靜處自語。但，到了今天，經過兩千多年的淘洗沉澱，這二位老爺子對社會發展的貢獻應該是難分高下的。當然，想治國平天下者一定喜歡孟子，想安慰心靈者一定熱愛莊子。

　　或問：孟子當時為何不批莊子？很簡單，一是，二人彼時無來往。二是，也是最重要的，莊子不在公共場合發聲，就不會影響孟子的發聲，或者說，孟子根本不怕莊子會搶他飯碗。

想說說當下，批評家中如孟子者，有。作家中如莊子者，亦有。

038

我不喜歡說假話的人，就像我不喜歡作品中的偽抒情。我常和身邊的朋友說，若想自己不累，不遭遇尷尬，就說實話。實話，過一百年都經得起考驗。

可有一種人，未必是有意說假話，只是不願意說實話。說實話是要有勇氣的，是要有責任心的。有些人，可能是因為生存壓力所驅，八面玲瓏，四方討好。這些人尚可理解。但有些人，良莠不分，善惡不辨，美醜不知，就讓人生疑。是揣著明白裝糊塗，還是故意顛倒？若真是故意顛倒，便屬惡人之列。

我認為，不說實話者和顛倒是非者無異。

還有一種人，見什麼人說什麼話。善惡美醜他都恭維。說他慣於阿諛奉承，似又不恰切，說他狡猾也不準確。說句狠話：這種人是在兩邊欺騙。我認為：這種人活得沒骨氣。哲學家給這種人找了一個藉口，叫："明哲保身"，"事不關己，高高掛起"。這種理論，肯定是混蛋邏輯。重要的是，"明哲保身"真能保身嗎？我想講個故事。

莊子攜幾個學生趕路，天黑了到一農戶友人家投宿，友人大喜，便吩咐僕童殺鵝款待莊子。僕童問主人："兩隻公鵝，一隻愛叫，一隻不叫，殺哪只？"主人說："愛叫的有用，夜晚能防賊。殺那只不叫的。"

由此，面對大是大非，該表態時必須表態；否則，也會被殺。

039

莊子迷戀大自然，盡人皆知。其實，莊子也是肉眼凡胎的社會中人，他一天也沒真的逍遙到凡間之外。於是，他一邊掙脫，一邊享受。想超凡脫俗，又離不開俗世的快樂。

晚年，他帶了幾個學生，教學生們認識社會、人生（莊子沒教過寫作課）。一天，一學生問莊子："老師，您總說社會污濁，人性喪失，人性是怎樣喪失的呢？"

莊老先生眨了眨眼睛，捋了捋鬍鬚，說："人類天性的喪失是通過五條渠道來完成的。一是五色，即紅黃藍白黑；二是五音，即宮商角徵羽；三是五臭，即膻腥香薰腐；四是五味，即苦辣酸甜咸；五是社會的是非得失。

聽完莊老先生的話，學生們不懂也得裝懂。

看完這段話，我是懂了。莊先生是一邊接受這五項，一邊痛恨這五項。若真的沒了這五項，才真的是沒人味了。

這是莊子晚年發生的事。人到了晚年，會有一些生理、心理的變化，會和他青壯年時期的為人做事大相逕庭、背道而馳。我遇到過這樣的人與事，我能理解。所以，我也理解莊子。

所謂聖賢者，不過是對社會發展有過突出貢獻的人，在思想、文化領域裡有過重大建樹的人。歸根到底，是人。是道成肉身的人。

肉身的人，怎能盡善盡美。

040

莊子的老師是道家鼻祖老子。但莊子不是把老子的"道"全盤接受。老子主張"入世別染塵"，莊子則一邊拒絕塵世，一邊偷偷受用。

老子說："什麼是君子？它山有金礦不採，別海有珠蚌不撈，手不摸觸他人錢袋。心不牽掛

烏紗帽，壽高不辦喜筵，命短不須哀悼，闊綽而
不矜驕，貧窮而不潦倒。"（老子的這段話，很
像現在"反腐倡廉"的要求。）

老子的"君子"原則，不難做到，自律就
是。而莊子則遵從另一套"君子"的原則。即孔
子的處事方略。"我愛吃牛肉，我見不得殺牛。"

莊子認為，人是由兩方面因素決定的，一是
自然界屬性，二是由社會性賦予的。那麼，莊子
怎樣做"君子"呢？

他說：我有四項基本原則。一是，在社會生
活中，我有立場。二是，有立場，我也無為，就
是什麼也不說，什麼也不做。三是，我有理想，
我喜歡山水雲霧，花鳥蟲魚。我要離現實遠一點
兒。四是，我要修心養性，兩耳不聞窗外事。我
覺得，莊先生這四項基本原則之後，還有一句潛
台詞，恕我給補上吧：有好吃的我就吃，有好用
的我就用，過好自己的日子，不管他人是與非。

這就是莊子的"君子"之德。有逃避之嫌，
有軟弱之弊。但在，亂世之中，也是難能可貴。

如今，做到老子之"君子"者，鮮。做到莊
子之"君子"者，亦鮮。

041

一個朋友，拿一組愛情詩給我看。他一臉的

喜氣，不是他有了愛情，而是他認為寫了一組美妙絕倫的愛情詩。我看了半天，也沒讀出美妙絕倫來，便說：這是一組很一般的詩啊，你怎麼這麼高興啊？他不服，說：你看，我把愛情寫成了生命的戲劇，不新奇嗎？我說：不新奇，早已有之。況人生本來就是戲劇。你寫的僅是詩歌和生活的普通意義。

其實，我還想說：抒寫生活的普通意義，是詩歌創作的最大障礙。因我們的私人關係沒到非常好的程度，當時不好過重地打擊他。

愛情只是人的許多激情的一種，它對人的生命影響因人而異各有不同。但是，詩人在面對愛情詩創作時，絕不能憑空想像。沒親身經歷做底的想像，就難免會滑入普通意義。

都知道，愛情可能是幸福或災禍的緣由，但是，只有那種幸福和災禍真的落到你頭上，你才能體會到是怎樣的幸福與災禍。有了體會，再去想像，才可為詩。

愛情詩的寫作要離智性稍遠一點，要聽從肉體、本能、情結、傾向、被壓抑的想像和願望的指揮，或由創傷性回憶所構成的一個緊密的、獨立存在的整體前意識。一句話，是你親歷的事和你在親歷後所暢想、幻想、聯想、夢想的事。

詩歌，只有在事實和想像之間的距離中，才產生魅力。

042

說：詩歌是詩人的心靈秘密。我認為：此話確鑿。

我常說：詩人別撒謊，除非你不寫。只要寫，並寫得好，一定會暴露心底的秘密。說明一下：秘密並不等同於隱私。

那麼，詩人是否是探尋秘密的人呢？答案是肯定的。是！不懂得探尋秘密的詩人，其作品的力量是有限的。當然，探尋秘密不是在誰的臥室裡裝個攝像頭等那樣下作。我說的秘密，是事物的根本、真諦，是根源性意義。

只關注事物的表面，就無法探尋事物的秘密的。當然，有些事物的秘密可能無法探究。但是，任何事物的秘密一定會在事物的表面留下痕跡。一個好的詩人，會在這些痕跡中找到探究秘密的通道。有道是：曲徑通幽。

詩人的任務，就是要打開那些沉默的、不易被傾聽到的東西，應該對一些事物的秘密做自己有力的發現和見證，呈現社會經驗裡更為真實的景象。

043

　　《水滸傳》中，我最心疼的人物是青面獸楊志。他為人耿直，做事認真，衝鋒陷陣，不懼生死。他一生做錯的最大的事，不是丟了生辰綱，不是入夥梁山泊，而是殺了潑皮牛二。

　　按說，牛二這種人物是進不了《水滸傳》的，只因是被英雄楊志殺了，做了英雄的刀下鬼，也便成了名鬼。

　　其實，牛二做潑皮做得也挺仗義，不管是欺行霸市，還是搶男占女，他都是行不更名坐不改姓。只是牛二的見識實在太短，不知道天外有天，人上有人。遇到真英雄還放潑，結果做了真英雄的刀下鬼。看來，做潑皮無賴，也要有點文化，否則，就不知道哪天會死。

　　楊志那把刀，真是好刀，只可惜殺了個潑皮無賴。同樣，那把刀也成全了潑皮無賴—牛二。

044

　　詩是寫給自己看的，還是寫給別人看的？這個問題還真難回答。

　　只給自己看的詩是日記，日記記錄的是真情
實感。給別人看的是藝術品，藝術品就要有美學
意義的感染力。我認為：詩歌是二者兼具的。沒
有真情實感的不是詩，沒有藝術感染力的也不
是詩。

　　那麼，究竟詩是給誰看的？先自己看，自己
看著是自己的真情實感，再給別人看是否有藝術
感染力。

　　真情實感是自己可把握的，感染力是自己創
造力的體現。創造力不夠，真情實感表達的也不
會充分。所以，詩歌僅有真情實感不行，僅有技
術手段也不行。只有依靠技術手段將真情實感有
效地呈現，詩才完成。

　　詩，作為文學式樣，最終還是要給大家看。

045

　　我曾多次在講課中強調：寫作，尤其寫詩，
要使用自身的直接經驗。這是必須的。但是，我
也一再強調：寫詩要和事實有距離。這個距離是
用你的想像力來填補。

　　後來，這個問題讓許多學生課後糾纏我。他
們問我，究竟是使用直接經驗還是使用想像。我

真想當面告訴問我的學生，你太無才了。

詩人寫詩，不能只表現已發生過的事件、記錄已逝去的時間，就是不能完全使用已有的經驗，要在審美中表現出一些超現實和超經驗的東西來。這是詩歌最具魅惑的力量。

忠實於事實和合理使用想像，都是詩歌創作的必須。

046

經常有人問我：為什麼寫詩？我脫口而出：人難過了才寫詩。

問我的人聽了，自然是一頭霧水。那麼，我是不是故意裝腔作勢呢？當然不是。詩人若過著飯來張口水來洗手的日子，精神萎靡，肌肉鬆弛，四肢慵懶，大概是寫不出詩來的。就算是寫了，也不會是好詩。文本經驗不能產生感情，沒有詩人自身感情的加入，詩便會是只具其形而無其內核者也。

詩人寫出好詩的秘密只有一個：保持對環境的陌生，保持對身邊人和事物的敏感。

能保持天天在已熟視無睹的生活環境裡的陌生和敏感，是件痛苦的事。可是，離開了陌生和敏感，詩人又何以為詩呢？

　　寫詩或詩人，不是個社會職業，但一定要有職業病。這個職業病，就是讓自己的精神世界不和身邊的人與事，絕對苟同。詩人一旦對身邊的世界產生懷疑，能問幾個為什麼的時候，詩就悄悄地走來了。

　　一個人若總在懷疑和自問的狀態下，這是不是一件難過的事？難過了，就想傾訴，傾訴得透徹，傾訴得有美感，傾訴得讓他人感動，這就是詩了。

　　詩歌與宗教有所不同。詩歌常常表達對當下幸福的不信任；而宗教則是在來世給你一個幸福的許諾。

　　有一句話詩人應記住：俗常的世界，總是暗中與詩人為敵，不警惕，就是把自己廉價地賣給了俗世。

　　這下該難過了吧！

047

　　詩歌的社會功能，是多少年來討論的話題。此話題不會有絕對準確的答案。一首詩能安慰一下正在寂寥的情緒，這肯定是功能，但這個功能還沒有實現完全社會性，還不足以強有力地說明詩歌有社會功能。

有這樣一個故事。在上世紀八十年代，英國一家很大的電子公司中國公司要在中國找一位高管，當時的年薪是 30 萬。乖乖！那時，我們的月工資最多不過一千多塊。可想而知，全國來報名的青年才俊有多少？經過一層一層地選拔，最後只剩下兩個人。各有百分之五十的機會了。這兩個人真是優秀啊！可人家只要一個人。怎樣來取捨呢？考官們也技窮了。這時，英國的老闆出來了，他用英語對這二位說："請用英語默寫一首莎士比亞的詩。"有一位小夥子勝出了，另一位不會默寫莎士比亞詩歌的人出局了，其沮喪之沮喪是可想而知的。當眾多考官疑惑時，這位英國老闆主動說："在英語世界裡的白領，不會背誦莎士比亞的詩歌，是不可信的。"

看看，詩歌的社會功能很強大吧。還有一個故事，就是最近發生的事。

北京某大學的美國留學生，告訴他導師一個秘密："老師，我知道怎樣讓我的中國同學們看著我就望風而逃的辦法了。"他的導師說："你是怎樣辦到的？"這個美國留學生說："我只要從書包裡拿出《唐詩三百首》讓他們給我講講，他們就都跑了。"他又接著說："可他們講起美國來，好像比我還清楚得多。"估計這位導師當時是欲哭無淚。當中國的學生們認為《唐詩三百首》無用時，美國人卻用來羞辱我們。

我不知道，那位導師後來是自殺了，還是辭職了。反正，詩歌又一次證明了它的社會功能。

我想說詩歌的社會功能是：如果我們不借助詩歌來談論世界，世界就不會這般真實。

048

我家的牆上掛著一幅我自己寫的條幅，內容是《論語》中的："吾日三省吾身，為人謀而不忠乎，與朋友交而不信乎。"我每天都看。請注意，我沒自戀到把自己的字當書法來欣賞的程度，我是看這句話裡究竟包含著多少內容。重要的是，我在用這段話來尋找自身的虛空與缺位。

人不可能完美，意義上的完美根本無法彌補現實的殘缺。

好夢、噩夢都怕醒來。

我每天看這段話，就是希望在晚上沒睡之前，把所有的事都想明白了，躺下就不做夢了。也就是別用美夢騙自己，更別用噩夢嚇唬自己。

有人說：半部《論語》治天下，我不想天下。常讀這句話，就是想睡個無夢的好覺。

049

　　大學中文系的《文學概論》中說：詩歌，一定要形象思維。我上學時，深信不疑。真的只有形象思維一條路通向詩歌嗎？現在我才敢說：未必。當然，我不想在這裡討論詩歌的寫作方法，我只想討論，詩歌一定要形象思維這個論斷是怎樣根深蒂固地縈在一代又一代人的骨子裡的。

　　我們的各級學校，多少年來，讓學生讀的詩歌，老師為學生講的詩歌，都是按照《文學概論》的要求來進行的。所以有些中文系的學生，看到現在刊行的詩歌，說讀不懂，或胡批亂談。何也？這些學校裡的學生，是在被教學指導大綱和教學參考所規定了的環境裡學習詩歌，學到的一定是考試的規定範圍，而不是詩歌本身釋放的要求。苦啊！這個苦，不是學生，而是泱泱詩國的詩歌。

　　陳子昂寫的《登幽州台歌》："前不見古人，後不見來者，念天地之悠悠，獨愴然而涕下。"這首詩裡有什麼形象呢？難道陳子昂就僅是寫一個老頭在默默地哭？

　　天下事，都不止有一條路通往成功，何況詩歌！

　　形象，對詩歌非常重要，那是讓詩歌飽滿、鮮活、生動可感的首要通道。但絕不是唯一通道。

　　我要說的是：在一個靠拿著《文學概論》的教授來解讀詩歌的環境裡，是不會誕生詩人和批評家的。我見過的一些詩歌研究方向的文學博士，畢業後從事批評或理論研究，大多是無才又無能的。我想：他們在天天背誦形象思維的環境中，把自己的形象交給了導師。當走向社會的工作崗位後，不過就是一個穿著衣服的《文學概論》。

050

　　又要說到詩歌的語言問題。其實，在說詩歌語言問題之前，我更願意先說說詩人的獨立性問題。

　　詩人，或一個成熟的詩人，首先是獨立的。其獨立表現為審美判斷的獨立；語言使用的獨立；表達方式的獨立。有了這三個方面的獨立，詩人當是有了品格的獨立。品格獨立的詩人，常會遇到這樣一個問題：當生命和語言相遇時，詩歌將聽從哪方面的安排？我認為，詩歌在處理語言和生命的關係時，應該讓語言取勝，而不是一味地凸現生命狀態。

詩人與語言建立的關係如何，是詩人表現力、創造力的標識。

不想佔有語言，也不會被語言擁有。表層表達用的語言是飯，只能用來充飢，而詩歌所用語言是酒，用來讓人沉醉。

語言未必求新，更不必仿古。求恰切，是詩人一生對語言的追逐。

有人詬病說，今天的漢語新詩用白話文，失去了詩意的韻味。我不敢批評有此說法者是一葉障目或無知無畏，只想試問：杜甫先生的“露從今夜白，月是故鄉明”不是和今天一樣的現代漢語嗎？李煜的“一江春水向東流”不是現代漢語嗎？漢語一定是用上“之乎者也”時才有韻味？

好詩人，都會把語言的運用看作是詩之本，承載生命之本。

051

一位元記者問我：有人說現在的詩歌都是垃圾，持一種極端態度，您怎麼看待這個問題？

我聽了以後，攤開雙手，好像日月在我心一

樣。我說：這個時代的詩歌，無論從事創作的人數，表現的手段與形式，審美的角度，還是對題材的處理能力，對社會生活的判斷力、感染力都是最蓬勃的時期，也是走向偉大的時期。至於有人說是垃圾，這就沒辦法了。詩歌有很強的開放性，會包容世俗生活進入詩歌。這樣就導致一些隻學會了詩歌外在的形式，完全沒弄明白詩歌內涵的人，自稱是"詩人"。因為這些尚未弄懂詩歌皮毛的人，看不懂真正的詩歌，卻很愛放大音量去嚷嚷："那些人寫的什麼啊？雲遮霧罩的，不能讓大家喜聞樂見的，就是脫離大眾的。"還有一種人是自己沒把詩寫好，卻罵寫得好的詩人，就是不願意看到別人好。這兩種人我都耳聞目睹過。庸才的心裏是不會有英雄的。心裏裝滿垃圾的人，張嘴吐出的都是垃圾。一個不懂偉大的人，他一定是鄙視偉大的。一個沒有英雄情懷的人，對英雄沒有心懷敬仰的人，他心裏是不會有英雄的。古今中外，這樣天天喊"垃圾"的人都有，結果是這些人被時代和時間統統掃進垃圾桶。

052

有一句民諺叫："武大郎服毒—吃不吃都得死。"這句話乍一聽，和武大郎沒什麼關係，只是借武大這個喻體而已。久而久之就形成了一個概念：武大郎該死。

我也覺得武大郎該死。你個"三寸丁古樹皮"憑什麼娶腰如三春楊柳、臉如二月桂花的潘金蓮？潘金蓮是幾個炊餅可以養活的嗎？潘金蓮如果愛吃炊餅，並且是吃了一頓下頓還想吃，吃了幾天一輩子都想吃，那這就是愛情了。可潘金蓮不愛吃炊餅，吃一頓下頓就膩歪了。那麼，武大郎就得死。

夫妻之間不能互相給力了，愛情就死了。

西門大官人可以換著樣兒地讓潘金蓮吃，武大郎真的就是砲兵部隊炊事班的兵了—戴綠帽子背黑鍋還不讓打炮。

愛情嘛，就是每次見面都如初戀、初夜。

讓愛情不死，不是票子、房子、車子，是互相給予支撐，有平衡的力量。

我就覺得才子配佳人是無比正確的。

成長環境相似，受教育程度相似，詩能對，曲能和。趣味趨同，境界趨同，此愛情不老之秘方也。

053

　　我很喜歡一個美國人，叫愛默生。他是個思想家，但不是個思想傳道者。他可以受邀去演講，就是不收學生、門徒。這和中國的思想家等"大師"大有不同。咱們的思想家都是"弟子三千"。

　　近些年，出現了許多偽思想家，他們是門徒、食客眾多，有些人還特意在簡介和名片上赫然印上"某某弟子"。而那個"某某"，我也沒看出有什麼獨到的思想。不僅是思想家，藝術界更甚。我甚至懷疑，這些門徒、食客是這些"大師"請來發小廣告的。

　　張愛玲這樣評價愛默生："他並不希望有信徒，他的目的並不是領導人們走向他，而是領導人們走向他們自己，發現他們自己。"

　　向愛默生學習！向愛默生致敬！

054

　　沒有哪一個詩人說：我就是不讀書，生而能詩。

即便都在讀書，可所得到的結果也是大不相同。就像我們看到一段躺在工廠裡的木頭，有人看到的是修行的樹，有人看到的是傢俱。

書如太陽，若把自己當作成年人去讀書，太陽只能照亮了你的眼睛；若把自己當成兒童來讀書，太陽可能就會照徹心底。所以，讀書時，把自己以往的經驗先清空。在學習新東西時，成熟是最大的障礙。

只被照亮眼睛的人，是固執的、不太喜歡接受新東西的人。固執的人為詩，能走多遠，可想而知，現實中這樣的人常見到。

我喜歡這樣一句話：要學習大人物的本領，要保持小朋友的心情。

欲與詩為伴的人，且銘記。

055

不知是哪陣風吹的，當下竟有許多人都在讀張岱，且處處大談張岱，逼得我只好再把張岱找出來捧讀。無它，怕受欺負也。

我曾說過：用年齡欺負人是可恥的；用金錢欺負人是可恥的；用官位欺負人是可恥的；用知識欺負人同樣是可恥的。年齡和金錢、官位我就不多說了。若想不被他人用知識欺負，就只有自己多掌握知識。

有些人讀書不少，卻對讀過的書說不出個一二三來，不知是為了消磨時間讀書，還是為了多識幾個字讀書。讀書就一個目的，長知識。好書要常讀，即使不是為了溫故知新，也是鞏固知識的好辦法。

張岱的書被當下人熱讀，我想：一定是心有不平的人多了，酸腐者多了。杜甫先生說的“文章憎命達”和韓愈先生說的“不平則鳴”，大概可以為張岱先生的書蓋棺論定了。

張岱本是一紈褲子弟，他自己坦白：“少為紈褲子弟，極愛繁華，好精舍，好美婢，好孌童，好鮮衣，好美食，好駿馬，好華燈，好煙火，好梨園，好鼓吹，好古董，好花鳥，兼以茶淫桔虐，書蠹詩魔。”我除了很敬佩張岱的這種誠實外，可想而知的是：張岱年輕時過的是什麼日子啊！絕非紙醉金迷這四個字能涵蓋的。過這樣日子的人，國破了，家敗了，那麼多的嗜好玩不起了，就剩下“書蠹詩魔”了。於是，《陶庵夢憶》就有了，《西湖夢尋》也有了。他寫這幾本書的時候，他的境況是什麼樣呢？他怕別人亂猜忌，自己先寫個《自為墓誌銘》，告訴大家我現在已是“所存者，破床碎幾，折鼎病琴，與殘書數帙，缺硯一方而已。布衣疏食，常至斷炊"。看看，當年的奢靡已經是一場夢了。

先過苦日子，後過好日子，可能會有強烈的幸福感；先過好日子，後過苦日子，就有生不如死的感慨了。好在張岱是個才子，而且是個大才子，在苦難面前還是維護了讀書人的尊嚴。《陶庵夢憶》大部分作品是好的，是張岱用回憶青年時的快樂來鎮壓眼前的窘迫。張岱是想得開的讀書人，寫幾本書，告訴世人：老子吃喝玩樂啥都幹過了，沒什麼委屈的了。當然，張岱在狂玩的時候，無論如何也不會想到他的老年是"布衣疏食"的。

有人說張岱是抒發滄桑之感，寄託興亡之嘆。我認為大謬。

張岱不落難，不會成為文豪。所以，今人讀張岱，千萬別把他說成是愛國（明朝）文人，他更不是為文學而生的。

056

有人說：張岱很有骨氣。我讀了又讀，實在沒看出張岱的骨氣是怎麼表現出來的。張岱寫《報恩塔》，大有阿諛奉承、吹牛拍馬之嫌。那座報恩塔是明成祖為紀念其生母所建，張岱把最大最響亮的詞，都用在《報恩塔》上，看完就想問：這還是那個落拓不羈的張岱？還有更甚者是《魯藩煙火》，詞語無不用之至極。堪比當下一些拍馬屁的報告文學。《魯藩煙火》說的是魯王朱檀他們家的奢靡。張岱先生一唱三嘆地譽美，透著艷美的酸勁。僅這兩篇文章，讓張岱矮了許多。

　　文人的骨氣，是要有堅定的審美觀，有客觀的歷史感，有當下的社會責任心。不能 "吃了人家的嘴短，拿了人家的手軟"。

057

　　看到一篇文章，說張岱的《陶庵夢憶》與《紅樓夢》對等。我實在是拿不出有力的證據說它們不對等，因為我至今也沒把《紅樓夢》讀透。但我也絕不會認可這種說法。《陶庵夢憶》最多算是一個人的生活史，而《紅樓夢》則是有著教科書意義的封建社會沒落史。如果一定要找到它們共同的地方，那就是曹雪芹說的 "滿紙荒唐言，一把辛酸淚"。

　　今人做書文評論者，常會突發奇想，大有不標新立異，就不能獨樹一幟之氣概。好在還沒有人去考證《紅樓夢》是張岱寫的。

　　張岱者，一個沒有歷史觀和社會擔當的閒散落魄文人而已；曹雪芹者，是背負著社會使命的作家，二者如何能相提並論。

058

　　出差杭州，一朋友來找我喝茶聊天。喝著聊著，就說起他的一些宏願。其中，他說要寫一本關於杭州、西湖等景區的美文。我說：哥們兒，寫杭州、寫西湖可千萬小心了。且不說歷史上有那麼多寫杭州的詩詞歌賦，就一個張岱的《西湖夢尋》已把杭州、西湖寫盡了。這哥們兒愣了一下：是麼？我還沒看過《西湖夢尋》。

　　這哥們兒走後，我心裡慨嘆：有一種淺薄是不知史者，不知死。

　　我絕不是說，前人有詩在上頭，就眼前有景吟不得了。今人有今人的感受，古人有古人的情趣。重要的是，今人的感受要避開古人的情趣並有新知。景語者，情語也。「古人不見今時月，今月曾經照古人。」

　　我們無論如何也無法複製張岱寫西湖的感情，同樣，我們今天的感受，也一定是張岱等前人所沒有的。但，躲開古人，寫出真實的當下的

讚譽杭州、西湖等名勝的美文，其難度是你自己
再造一個杭州和西湖。

059

　　一個詩友拿著一首詩來給我看，並信心滿滿
地說：我這首詩，對今天的社會有著強烈的批判
作用、驚醒作用、指導作用等等，說著說著，好
像他寫的不是詩歌而是拯救社會的法律文本或政
府施政大綱。我拿過來仔細看了看。藝術能力姑
且不說了，僅就內容而言，不過是把社會醜陋現
象絕對化，孤絕地認為這個社會沒救了。況且，
他好像是站在火星上看地球，或是在美國、法國
等地兒看中國。我笑了笑，簡單敷衍幾句，對他
這首詩沒再說什麼，就把話題岔開了。這種人的
自信來源於固執，甚至是偏執，對他進行理性的
說服，可能是做無用功。他走後，我卻內心悲涼。
　　我們的社會確實有陰暗的、醜陋的現象，但
也不至於暗無天日。重要的是，一首詩會有那麼
大的拯救力量嗎？面對社會問題，喊著詩人何為
或詩人無為，都有些極端。生於此時代，就負有
此時代的使命。詩人也不例外。
　　詩人不能與時代為敵。要以原諒自己的姿

態，原諒身邊的人和一切看不順眼的事物。或者
再寬闊點兒，說：愛自己就要愛身邊的一切。

　　詩人可能有時是身處時代的背面，保持著凝
視自己內心幻象的權利，或像在夢中一樣觀看社
會事物。但，你無法永遠活在夢中，無法不走出
內心幻象。你有萬種風情還是千仇百恨還是要落
到地面上，還是要與人訴說，與人了結。

　　詩人的獨立，不是與世隔絕。

　　話說回來，社會醜陋現象，古今中外皆有，
從來就沒滅絕過。這也是社會豐富性的體現。無
惡哪有善，無醜哪有美。

　　醜惡現象是蟑螂，用什麼辦法殺戮都僅僅是
控制它發展，而不能把它滅絕。詩人或詩歌也僅
是滅蟑螂藥中的一種成分。

060

　　一河北的詩友，給我發短信說："今晚看到
了久違了二百天的月亮，心情真是晴朗。"並發
來一張用手機拍照的月亮。顯然，這位朋友是被
霧霾天氣折磨得死去活來了，看見本是尋常之物
的月亮就大發感慨。月亮出來了，天晴朗了，霧
霾今夜不在了。這些都是在恢復月亮的原始意

義。想想，我們活得真是可憐！本應夜夜有，現在卻二百天無。久曠一見，如何不亢奮！

月亮被長期遮蔽，受傷最重的當屬詩人。

月亮在詩人眼裡是什麼？"月兒彎彎照九州"、"長安一片月，萬戶搗衣聲"是略帶憂鬱的晴朗夜空，使用的還是月亮的原始意義。唐朝的王維說："不見鄉書傳雁足，惟見新月吐蛾眉。"王維的月亮是心中的美人。李白說："舉頭望明月。"李白的月亮是故鄉。李賀說："大漠沙如雪，燕山月似鈎。"李賀的月亮是兵器。張若虛說："江畔何人初見月？江月何年初照人？"張若虛在發問：雞生蛋還是蛋生雞。蘇東坡的"千里共嬋娟"用月亮相思。等等，不一而足。我相信，世界上沒有哪個國家像中國詩人這樣給月亮賦予這麼多的隱喻、借代、暗指。就連美國宇航員登月，美國政府都提醒："注意，月球上有一位養兔子的中國美人。"當然，這是美國人的幽默，但也足見中國人對月亮的嚮往感情。

被賦予了這麼多意象的月亮，若二百天不見，與二百天不見心儀之人何異！

霧霾是人類自己造孽的結果，是大自然的報復。試問：我們只製造了大自然的霧霾嗎？霧霾何其多，月亮只能躲啊！

061

　　看到一篇文章，是一青年女性寫的。大意是看到張岱的《湖心亭踏雪》後，對張岱的才情、灑脫、俊逸，欽佩有加，並誓言，要嫁人就嫁有如張岱者。

　　文章寫得很好，對《湖心亭踏雪》這篇文章的理解也很到位且有個人觀點。只是讀一篇文章就想嫁這個寫文章的作家，確實有些唐突，至少是有待商榷。咱先不說張岱，就說說作家與作家的文章。不是所有的好文章一定是好作家寫的，不是好作家都是可信賴的好人。如果，作家都是仁義禮智信的楷模，都是忠孝廉恥的榜樣，就不會有“作文先做人”這一說法了。迷信一篇好文章，進而相信一個寫文章的人，是一葉障目。

　　文壇上許多齷齪不堪斯文掃地的事，都是頗有名望的作家干的。古今皆然。

　　說說張岱吧，當初的張岱，有錢有閒有才有情趣，這幾項都值得嫁，可他沒責任心，沒家庭觀念，拈花惹草，男女通吃，你還嫁嗎？老年破落的張岱很可愛，但是，老年的張岱自身已無愛他人之心了，他埋頭沉浸在回憶年少的瘋狂中，一邊自慰一邊懺悔。連自己都不愛了，何況他人？！

　　不愛別人的人，你嫁嗎？

062

　　時下，收藏界十分熱鬧，收藏家遍地都是，而且一個賽一個地牛。各種物品的拍賣紀錄也不斷被刷新，刺激得拍賣行業蜂擁而起，生意興隆。我一向對收藏家心存敬畏。一個好的收藏家應該是個學者，其所藏之物，應該是歷史變遷、世態變幻的見證；是人類文明進程、藝術發展脈絡的記載。我們許多說不清的歷史，弄不清的藝術流變，都是靠收藏家所藏之物，才得以理清的。而近些年，有一部分"收藏家"，我著實有些看不懂。主要是對他們的身份存疑。

　　當然，部分投資者以收藏家的名譽招搖過市，似可理解。可就有那麼一些自詡為收藏家的人，處處大談收藏、炫耀自己如何收藏、收藏了多少稀奇珍寶的人，其實是錢多了，飽暖生閒事或附庸風雅。我就見過一個自稱是大收藏家的人。我一定相信他收藏了許多東西，也絕不懷疑他根本不懂收藏。一個胸無點墨、無歷史常識、無藝術感受力的人，會成為收藏家？你信嗎？反正我不信！我和這位收藏家聊了一會兒，就恨不得撲過去揍他一頓，或者求求他饒了收藏家的名號吧！可他就是趾高氣揚地認為：他是天下第一藏家。他收藏的東西是五門八類，只要有人擢掇他，這個、那個東西好，值錢，他就收。不問價錢高低地收。收了幹嘛，他不懂也不問。我覺得，他就是把錢換成東西了。若真能遇珍拾之，整合稀寶，也是對歷史負責，給後世留下福蔭。可聽他高談闊論時，發現他收了許多假冒偽劣，這不是客觀地刺激了造假售假者們的行業嘛。不懂就被騙，是正常的結局。換個角度，如果他不以收藏家身份和我聊天，而是一個文物和藝術品的保護者和我閒侃，我還真的要敬重他。

想起讀過清代文人梁紹壬《兩般秋雨庵隨筆》中的一篇《廢紙》的一段話：

蕭山蔡荊山出示冊頁譯本，其中所潢裱者，乃成化時某縣呈狀一紙，萬曆時某科題名錄一紙，崇禎時某家房契一紙，隆慶時某年春牛圖一紙，宣德時某典當票一紙，弘治時某姓借卷一紙，天啟時某地弓口圖帳一紙，景泰時某歲黃曆太歲方點陣圖一紙。數百年廢物，以類聚之，亦入賞鑒，可謂極文人之好事矣。

看看，這"數百年廢物"，沒有"一紙"是好出身，更沒有名人名家的手筆，但蔡荊山先生喜不自勝地收了。樂其事，不為保值升值。據查，蔡荊山先生既不是官宦家庭，也不是富豪士紳，甚至都不是上層士大夫。當然也不是"官二代"、"富二代"。蔡先生就是一個書生，一個真正的儒雅之士。可以料想：蔡先生喜好收藏，可財力不足，便走了"人棄我取"的路線（估計也是在類似潘家園那樣的舊貨市場裡用慧眼去淘）。這樣既滿足了個人的收藏愛好，也為研究當時的社會政治、經濟發展提供了有效佐證。

還有，收藏絕不是急功近利的事。若收了一件東西，就像買了某支股票一樣，天天盼著它漲，那不是給自己找病嘛。收藏，是美學和社會學範疇。不能給你帶來審美愉悅，你收之何益？當然，收藏也可以是投資範疇，但投資者不在儒雅之行列。所以，投資者就大大方方地談錢，別把收藏家的高帽往自己的頭上戴。一個投資商或投機商，硬把自己裝扮成收藏家，就像活生生地把虎頭豹額的張飛裝扮成拜月的貂蟬，你噴飯不？你還不噴飯？我是噁心至極了。

063

閒翻《東坡文集》，看到東坡先生《送安節》詩之十，有這樣兩句詩："應笑謀生拙，團團如磨驢。"看完我就笑了。一是笑，過去咋就沒讀到這兩句大白話呢？二是笑，這是說誰呢？蘇東

坡這等骨硬氣豪的人，一生坎坷，但都是樂觀地
對待生存現實，他怎麼竟也發出這般慨嘆！不想
說蘇先生了，他的故事都是耳熟能詳的。我讀了
這兩句詩後，竟幻覺地認為蘇先生是寫給我的。
於是，也感慨良多。

　　一位頗懂星座的朋友說我是毛驢座，開始甚
為不解，十二個星座，怎麼到我這就多出一個毛
驢座來？讀了蘇先生的這兩句詩，才算明白。原
來毛驢就是"謀生拙"，就是要圍著一個大磨
盤，一圈一圈地負重勞動。我在農村見過驢拉
磨，還要蒙上眼睛。蒙上眼睛是給毛驢一個錯
覺，腳步不停地走，好像是在前進，其實是原地
轉圈。毛驢的工作態度是極好的，屬於埋頭苦幹
型的。但，實在累了，心情不舒暢了，聞到異性
驢的氣味主人卻不讓見面時，也會伸長脖子嚎叫
幾聲。儘管驢叫很有穿透力，噪音分貝很高，有
時能嚇跑老虎，卻嚇唬不了手握鞭子的主人。
嗨，所謂嚎叫，不過就是發發牢騷而已。牢騷發
過，照樣一絲不苟地幹活，眼睛依舊乖乖順順地
被蒙上。

　　我是毛驢座，是不是"磨驢"呢？我"謀生
拙"嗎？我還真得好好逼問自己。

064

有一個詞，過去輕易不敢用，覺得用在誰身上，自己的良心上都會受譴責。真用了，會對自己說："幹嘛那麼狠！"這個詞是：無恥！若社會風氣好，都仁義禮智信，人人都互相敬重，這個詞確實是閒置沒用的。大概就是因為總也沒人用，或不好意思用，有些人就以為沒有這個詞了，所以漸漸地無恥之人、之事，開始明晃晃地大行其道。官方媒體對此類人與事有批評指責的報導，網絡媒體更是對這類醜事糗事怒罵嬉罵巧罵粗罵髒罵人肉罵。可無恥之人，依然層出不窮，大有向世人宣告：我無恥故我在。何也？無恥之人必是無視道德底線的人，無敬畏之心的人。什麼人會"無恥"？ 有權有勢有錢者，事無忌憚。貧苦到底者，窮凶極惡。還有狐假虎威者。

不是所有的有權有錢有勢者、貧苦到底者，都無恥。無恥者，都是骨子裡就有無恥這種基因，當得勢或窮凶時，就把骨子裡的東西露出來了。狐假虎威者，天生就是個無恥之徒。

為此，我常常內心悲涼。我怎麼和這些無恥之徒同代而生！

羅曼・羅蘭說：〝真正的英雄不是永遠沒有卑下的情操，只是永遠不被卑下的情操所屈服罷了。〞這就是說，誰身上都有無恥的細胞，只是心靈嚮往高尚者，不讓無恥發作而已。那麼試問：慣於無恥者，你身上就沒有高尚的情操嗎？

還好，世道人心是邪不壓正。還有，有高尚者，必有無恥者。翻翻歷史，高尚者的對面一定有一個無恥者。就像岳飛廟的門口一定有一個跪著的秦檜。

065

前些年，一個詩友用短信給我發了一首詩，是一首愛情詩。問：〝此詩如何？〞我看了一遍，以為是他剛寫的，就回覆：〝很熱烈，有頓悟，但說教性強。重要的是內涵不足，不是好詩。〞

我這段短信，招來他對我的嚴屬批判，甚至斷定我是個偽編輯。他說，這是中國最好的詩。

我自然是丈二的和尚，摸不著頭腦了。一段時間裡，這位朋友和我沒有任何來往。後來，才知道，他發過來的詩，是倉央嘉措寫的。我一方面譴責自己的閱讀不夠、孤陋寡聞，一方面對這位朋友肅然起敬。他對倉央嘉措竟如此堅貞，竟不惜與我決裂！

當然，我也不會向那位朋友道歉。在這裡，我也不想討論倉央嘉措的詩歌成就。或者直接說：用職業詩歌編輯的眼光去評判倉央嘉措的詩歌，是對倉央嘉措的不公平。倉央嘉措是個有詩性意義的高僧，不是詩人裡的和尚。還有，倉央嘉措是用藏文寫作的，我們看到的是被譯成漢文的作品。看翻譯成漢文的倉央嘉措的詩，其實大部分是看翻譯者對詩歌的理解力和兩種語言的使用能力。所以，僅我看到的譯成漢文的倉央嘉措的詩，就非常值得尊重，也理解了那位為了維護倉央嘉措而和我生氣的朋友。

後來我買了倉央嘉措的幾本詩集，認真讀過後，我對倉央嘉措也敬佩有加。倉央嘉措先生有信仰、有血肉，具備了詩人應具備的素養。我敬佩他詩歌中的感悟大於理性。

我一直記著倉央嘉措的一句詩："一個人要隱藏多少秘密，才能巧妙地度過一生。"這句詩，太直觀，也太豐富，會觸動每一個人的心底，會讓每一個人在這句詩文面前沉默一會兒。

066

　　一個朋友送我一本《中國當代 xx 史》。我是與生俱來地對史學很感興趣。我把這本《xx 史》放到書桌上，泡上一壺好茶，開始捧讀。讀著讀著，就興趣索然了。這是一本粗線條的按時間順序編排的各年發生的事件記錄，且都是照本宣科的，沒有編者的觀點和疑問。這不是編史，是事件資料彙編。

　　說到編史，就不能不說司馬遷。司馬遷之前，《左傳》、《春秋》等史書，都是以政治鬥爭、軍事事件、權力更替為核心的編年史、斷代史。司馬遷寫《史記》前，一定是看到了這類史書的問題：歷史是人創造的，應以人為軸心。於是，他撰寫《史記》時，就以人物為核心。一部《史記》，就是一部歷史人物傳記，鮮活、生動、莊諧互映，重要的是人們愛讀，也耐讀。無怪乎，魯迅先生稱之為："史家之絕唱，無韻之離騷"。

　　有編史愛好者，切不可輕易地編當代史，當代人說當代的人或事，一定會受到多方的質疑，而且也很難經受住時間或是未來的考驗。編史，是一件多麼嚴肅、嚴謹的事啊！對編者的美學

觀、史學觀、價值觀的要求是多麼高啊！那是要
"一覽眾山小"的啊！不得不奉勸一句：若想在
編史上沽名釣譽或換些銀兩，真是比去皇宮裡偷
東西還難。

順便也說說當代的評論家，評說歷史的文章
可讀，說當代的人和事就可疑。

067

孔聖人說："《詩》三百，一言以蔽之，思
無邪。"可孔聖人沒說，《詩》三百，放之四海
而皆準，任何時代都正確。於是，用《詩經》裡
表述的義理來衡量今天的事，就不好說了。比如
那首《氓》。詩云："士之耽兮，猶可說也；女
之耽兮，不可說也。"這裡的"說"是通假
"脫"，即"脫離"之意。用白話解釋就是：男
人陷入感情糾葛，很容易解脫出來，因為男人的
排遣方式多；而女人陷入感情糾葛就不易解脫出
來，女人總是圍著鍋台轉，炕頭到院門是最遠的
活動距離。於是就"獨念深居，思蹇產而勿釋，
魂屏營若有亡，理絲愈紛，解帶反結。"這個描
述在當時或在封建社會裡基本沒錯，而且中外亦
然。一個歐洲的作家也曾這樣描述："愛情於男

人只是生涯中的一段插話，而於女人則是生命之全書。"

　　這個觀點，我是十分認可的。無論在古代還是在近現代，男女的社會分工明顯，社會地位差距較大，《氓》所述的那種情況是正常的。就像流行的一句話：男人是要征服世界，女人是要征服男人。可當下呢？

　　現在好像沒幾個人再說：男人都不是好東西啦。為啥？簡單地說，沒有女人配合，男人跟誰壞去？誇張地說：男人還有什麼資格和能力保持壞的榮譽？

　　我就看到幾個大男人被女人耍了，還為情而痴而不能自拔的。還看見有些女人換個男朋友或情人比換件衣服還容易的。不是物極必反，不是矯枉過正，是男女的社會分工和社會地位趨於平等了，是女士們在證明"誰說女子不如男"。如果還用老觀念去對待情感上的事，男人就只能陷進泥沼而無法自拔了。有一句話似乎過於偏激，但可作為警示語：現在的女人都是可愛不可靠的。

　　《氓》中的"士"與"女"是不是可以對調了？我看也未必。

　　無論如何，男女平等是好事，是社會文明的標誌。平等才能互相尊重，尊重才能熱愛。但我擔心現在的女士們沒有改變"嫁漢嫁漢，穿衣吃

飯”的價值觀。常看到、聽到女士們選擇情侶的
對象是金錢和權力的擁有者。這種情況，如果有
愛，愛的也肯定不是那個男人。

　　都說：感情的事，最難說清楚。我覺得：
愛，是件簡單乾淨的事。說不清楚的感情，一定
不是真感情；是脫離了愛，而為了其他利益。政
治、軍事、商業都可以有秘密。感情不應該有秘
密。有秘密的事，才說不清楚。

　　愛，只能一往情深。愛，絕對不能等價交換。

068

　　一段時間裡，一些青年女詩人遭到猛烈攻
擊。網絡、短信、匿名信，滿天飛。什麼某女詩
人和某某評論家、某某編輯好，所以才發的詩，
等等。故事編得不新，所用詞語除尖酸刻薄外無
一長處。我就想問問：為什麼總要質疑女詩人的
身後一定會站著一個強大的男人才能寫作？古今
中外，那麼多優秀的女詩人都是身後站著一個強
大的男人？優秀者，必然出色；笨拙者，身後站
著誰也不會優秀。

　　當然了，這些非議並不新鮮，古來有之。關
鍵是現在有那麼一些人，大有哪個女的寫詩且寫

得好、發得多，好像偷了他家的東西一樣，就立刻給她編排一些歪的邪的故事。真乃怪哉！若要我解釋，那就是一些心底齷齪的人，用齷齪的眼光去看一切。或者是自己寫不出好東西來，誰也別想順溜地寫出好東西。有一兩個齷齪的人，是正常的，若齷齪之人太多了，就不正常了。不能把詩壇當名利場來對待。詩壇在任何社會型態裡都不會是強大的陣地，所以，別把發幾首詩、得個什麼獎看得太重。詩歌，除了能安慰自己，其它功能都是有限的。

　　我肯定承認有些女詩人利用一些手段刊發一些作品，但是，凡是使用手段發作品的人，一定是三流以下的詩人。這種人發點作品也不會有什麼大影響，最多像得了感冒，幾天過去，不醫而愈。

　　還有一甚者，某某人不斷地用各種手段說某女詩人抄襲了他的作品，並把兩個人的詩作呈給大家看。不看則罷，一看，怎麼也找不到抄襲的痕跡。這就是某人的心態出了問題。若果真有抄襲的事，肯定是可恥的，是萬劫不復的。要說明一下，偶爾的借鑒，不能劃歸為抄襲。

　　我來舉個例子。"九葉"詩人裡曹葆華的代表作《她這一點頭》："她這一點頭，是一杯薔薇酒；傾進了我的咽喉，散一陣涼風的清幽；我細玩滋味，意態悠悠，像湖上青魚在雨後浮游。"大家看著熟悉吧？曹葆華就是借鑒了徐志摩的《莎揚娜拉》寫的這首傳世之作。但比徐志摩寫得好多了，徐志摩的《莎揚娜拉》最多是首三流詩作。能說曹葆華是抄襲嗎？絕不能。

簡而言之，靠非正常手段和抄襲的詩人，無論男女，都不可能是好詩人，最多製造點非詩的事件。好詩人，在起步時稍有借鑒也是在理解範圍內的。

詩人，無論男女，滿腹詩書下筆有神時，有點兒流言蜚語就當是另類廣告吧。

069

近年，在魯迅文學院帶詩歌組的學生，指導詩歌創作。我常問自己，用教學手段來培養和教育能不能誕生詩人？

這個問題，應該是沒有定論的。即使名牌大學開設一個詩歌系，請名教授來教授課程，也未必能培養出好詩人來。大多數詩人都是自己"悟"出來的。那麼，我面對學生時，能做什麼？我要做的僅是增強他們的詩歌寫作知識，給出一個儘可能正確的創作方向。

　　我謂詩人，大概有三個層次：知識型，智慧型，天才型。

　　這三個層次又是階梯狀的。沒知識，不可能有大智慧，沒大智慧，就不可能完成天才的寫作。

　　佔有更多的知識是詩人創作的底蘊，是使作品豐富飽滿的基礎，詩人的知識量就是作品中的文化信息量，知識是基本技能使用的保證，是人生價值觀的判斷依據。智慧是境界，是參透和頓悟的能力。天才是有知識、有智慧後的火山爆發、瀑布奔瀉和海闊天空。李白、李清照是天才；杜甫、杜牧僅到了智慧這一層；至於孟郊、賈島這樣的"郊寒島瘦"，也就是有知識的詩人。

　　於是，我對學生做的是：讓他們補充知識，啟發他們的智慧，激勵他們挖掘自身的天才潛能。

　　詩人不是手把手、耳提面命就能教出來的，更不可能"熟讀唐詩三百首，不會寫詩也會溜"的。石頭蛋無論怎麼加熱，也不會孵出小鳥來。

070

　　我很喜歡看練太極拳的，一次，在一個廣場看到幾十個人在練太極拳，我定定地從他們開始練看到他們收式結束。

　　我覺得，打太極拳和寫詩相通之處很多。比如：要靜。靜，才能讓五臟六腑歸位，才能詩思萬千。要腳下有根，頭上有天。要柔中帶剛，綿裡藏針。要密處不透風，疏處可放馬。等等。

　　腳下有根，是生活的紮實、具體；頭上有天，是文化境界、審美趨向。

　　寫詩，不是孤立的事，是和生活中的林林種種息息相關。生活中的任何一種事物、現象，須知其然亦知其所以然，諳熟了，參透了，必有頓悟，必得詩歌之營養。

　　永遠不會相信，一個"宅"在家裡，大門不出二門不邁，兩耳不聞窗外事的人，會寫出好詩。

　　翁同和先生說："每逢大事有靜氣，不信今時無先賢。"

071

　　常聽到一些詩歌寫作者說自己的生活環境惡劣，並因環境不好而寫不出作品來。我覺得，詩人不該埋怨環境不好，不該謾罵或憎恨生活環境，更不該靠大聲譏諷和謾罵來尋找自己的存在感。每個人的生存環境都大同小異，不可能有一個特別適合寫詩的環境，有陽光、空氣和水的地方，都是適合寫詩的地方。

　　詩人不能只享受生活，而不去適應環境。智慧的詩人會使環境和事物適應自己的思想，會在環境中汲取營養和力量。牴觸，是拒絕；拒絕，就是孤立；孤立就無法獲取營養和力量。失去了環境的營養和力量，自然就不會有詩歌產生。

　　說句實話吧，在生活中，常以詩人自居者，都是孤立的人，無為的人。

　　再狠點兒說：那些一事無成的人，一定是一身無能的人。

072

　　一直想談談當下詩歌批評的狀況，一直都懶得去說。就像我們經常看到有人當街扔垃圾、吐痰一樣，因司空見慣而認可。我這樣說，並不是當下沒有好的詩歌批評和好的詩歌批評家。而是好的批評和好的批評家太少。

　　有一個現象是奇怪的，這些年都想當批評家，竟使得批評家多如牛毛。批評家多不是怪事，自詡是批評家者太多，就是怪事。最怪的是：只會膚淺地表揚也自稱是批評家。為啥都想當批評家？不言自明：有利可圖！騙錢者有；騙色者亦有。沽名釣譽者多；無知蒙事者多。具體例子我就不舉了，給那些假批評家留點兒面子，也給自己積點兒陰德。

我們需要什麼樣的詩歌批評家？當然是有知識，有個人見解，有自己主張的思想者。思想者是永遠醒著的人。那麼，批評家應當是經驗的，還是理性的？

我想：沒有理性支撐的人難為批評家，同樣，沒有經驗的人也難稱批評家。經驗和理性不是一對天敵，對批評家來說是"人"字的一撇一捺。一個批評家，首先要對文本提出"為什麼"，並能回答這個"為什麼"。要在理論的範疇裡自圓其說，要能征服作者和讀者。不是把書本裡的專業術語堆砌在一起嚇唬人，也不是對作品中的字詞句進行反覆推論。我想大膽地說：詩歌評論絕不是科學範疇，或絕不可能成為一門科學。

首先，詩歌批評一定要具有強烈的個人性，失去了個人性的批評，就是對以往理論的總結和歸納。其次，詩歌批評所關注的價值是情感，而情感恰好是科學要忽略的價值。若像分析天文、地理那樣去分析詩歌，像辨析石頭的紋理、植物的葉脈那樣去辨析詩歌，詩人還能是感情動物嗎？

詩人是感情動物，詩歌作品也是感情的產物，在感情世界裡，怎樣產生科學？

　　詩歌批評只能是對所批評的作品，給批評家的感受做推理論述，而這個論述的檢驗標準是感情，不是宏大理論的賣弄，不能用一種道德代替另一種道德，更不能用書本理念代替感情。

　　至於那些打著批評家的幌子，挪用一些貌似高妙理論來蒙事的人，就不多說他們了。因為，他們只能蒙低俗的人。

073

　　杜甫的《絕句》四首之一："兩個黃鸝鳴翠柳，一行白鷺上青天。窗含西嶺千秋雪，門泊東吳萬里船"應該是盡人皆知，這主要歸功於歷代書法家。書法家不斷地抄寫、懸掛，使之傳播有力。當然，也不能抹殺課本的力量。在中學課堂上學這首詩的時候，我的記憶極為深刻。老師講的是：這首詩，寫出了杜甫當時的複雜心情。大意是：詩人對絢麗多彩的早春圖象，分別從視覺和聽覺兩個角度進行刻畫，尤其是門外泊的船，來自"東吳"，此句表明"安史之亂"的戰亂已平定，交通恢復。詩人睹物生情，想念故鄉，並強調用一個"泊"字，有其深意。

　　許多年來，我一直不敢對老師的講解生疑。

可是，我現在的職業要求我必須把這首詩的真正意義解讀出來。我反覆地讀，也查閱了一些資料。像我的中學老師那般解讀的占大多數，合我意者幾近於無。我只能憋著。大有在朝堂之上有人指鹿為馬，我卻不能說真話，還得"諾，諾"。現在我想大不敬了，這首詩，就是老杜做的對仗練習！他同時寫了四首絕句，唯這首是寫著玩，或唯這首是為了炫技而寫。

這首詩表現的是四個獨立的圖景，誰也不挨誰！對這首詩的其他解讀都是牽強的，或是讀者自己的再創作。如果這首詩還有什麼具體意義，那就是對仗練習的範本。

這首詩寫於公元 764 年的成都草堂，"安史之亂"已平定一年多了。杜甫此時正是消遣悠閒的時候。我們可以看看他同時寫的另外三首。

一

堂西長筍別開門，塹北行椒卻背村。
梅熟許同朱老吃，松高擬對阮生論。

二

欲作魚梁雲復湍，因驚四月雨聲寒。
青溪先有蛟龍窟，竹石如山不敢安。

三

藥條藥甲潤青青，色過棕亭入草亭。

苗滿空山慚取譽，根居隙地怯成形。

讀了這三首詩，足見杜老先生正在飽暖生閒事。

悠哉悠哉的杜老夫子想寫詩，又無事無激憤無牽掛，可是春天來了，還是要寫點啥，就提筆練習一下詩歌對仗中的字對詞對句對音對色對等，"兩個黃鸝"對"一行白鷺"，"千秋雪"對"萬里船"吧！哪裡有"戰亂平定，交通恢復"和"思念故鄉"的感慨！再說："安史之亂"根本就沒影響過長江流域的交通。不知今天的課本還有沒有這首詩，不知道今天的老師們怎樣講解這首詩？真替學生們擔心！

我還要說的是，不是詩人寫的每首詩都一定具有深度解讀的意義。無論李白、杜甫，還是誰誰。

074

詩歌被誤讀是經常發生的事，而且是正常的事。

　　詩人寫詩，是想讓感動自己的情緒在另一個或另一些人身上再震動起來。甚至，有些詩人在作品中設定了特指物像，試圖引導讀者解讀的方向。但是，讀者在閱讀時是自由的，是詩人不可限定的。其實，詩歌創作，不可太用心機，只管忠實創作時的情緒，任何多餘的想法都可能是鐐銬或通向死亡谷。

　　讀者怎樣去讀，不是詩人要擔心的事。許多偉大的作品都是被誤讀出來的。最典型的就是卞之琳先生的《斷章》。這首短詩，本是一首長詩的一節中的幾句，發出來後，被讀出了偉大。卞之琳先生寫這首長詩到截取這首短詩時，一點兒也沒想過會偉大。

　　誤讀，不是錯誤地讀，是違背詩人原意地讀。還有一個典型的例子：一首詩被作為考試題去考學生，而詩作者本人卻目瞪口呆地一道題也答不出來。

　　讀者讀詩，無論喜愛還是憎恨，大多都會違背詩人創作時的意圖，因為讀者都是從社會屬性的角度出發，從自身的文化修養、生活經驗出發，而不是從詩歌本身的要求出發。那些年的“梨花體”、“羊羔體”也是這麼誤讀出來的。

　　《增廣賢文》有這樣的話，叫：“不是才子不獻詩”。才子者，詩人也。

　　就一首詩的社會性而言，詩人創作出來的詩只是一小部分，大部分是由讀者來完成的。什麼思想性、美學意義、文學價值、修辭力量、生活本質、社會反映等等等等，都不是詩人創作時刻意設定的。

　　說到末了，一首詩一定要經過讀者"誤讀"的再創作，才算徹底完成。當然，有的詩被讀成了偉大，有的詩被讀成了垃圾。

075

　　詩人一定要天真。天真不是幼稚，不是簡單，是有天地之真氣，天地之真心。《易經》復卦中說："復，其見天地之心乎"。爻辭解曰：出入無疾，朋來無咎，反覆其道。我更願意把它解讀為：詩人應具備的天地之心，或詩人應具備愛憎分明的立場。

　　天地之心，是明月耀蒼茫，桃花笑春風。

　　詩人是最該明確地分辨忠奸、善惡、美醜，最該旗幟鮮明的。對文要細辨優劣，對人要判善惡。詩人可能找不到終極真理，但要找到一個能安放個人身心的有天地真情之處。

　　好詩人之間大多是好朋友，像李白和杜甫，

年齡相差很多也能"遇我宿心親"。一個好詩人遇到另一個好詩人，未必要事事合二為一，但是觀點、立場一定是同一的，有點兒像一加一大於二。梅列日科夫斯基在形容托爾斯泰和陀思妥耶夫斯基的關係時說：他們兩個"像是兩塊對立豎放的鏡子，無限地反射對方、深化著對方"。古今中外，此類例子甚多，此處不贅了。

我一向認為，天下最牢固的友情是好詩人之間的友情，澄明、透徹、肝膽相照，沒交易紛爭，沒利益糾葛。文本上可以有分歧，審美立場一定趨同。

當然，不是所有的好朋友一定會同仇敵愾。但是，態度一定要明確，在關鍵問題上含糊、曖昧，做好好先生，估計，與好詩人成為好朋友也可疑。

有天地之心者，真情真意不會稍縱即逝，而是生生不已。

076

突然想起了曼德拉，想起他的一句話："我從來就不是聖人，而是一個不斷努力的罪人。"曼德拉坐了二十七年的牢房，出獄後，他寬容、豁達到沒有一個敵人，進而獲得全世界的愛戴。他出獄後一直在說：通過愛，我們能夠創造希望。這讓我想起《詩經·草蟲》中"我心則降"、"我心則說"。一個人想著去愛，首先要把自己的姿態放低，並且是愉快地放低。

我一直在思忖：是什麼讓一個不屈不撓的鬥士，變成一片浩瀚無際無所不容的海？什麼力量能把心靈的折磨、肉體的疼痛都忘掉？答案是：只有愛。人都是知其來，而不知其去的。但是，抱定為愛而活，必定知道會死在愛裡！曼德拉的詞典裡，愛是寬容。像彌勒佛大殿的對聯所寫："大肚能容　容天下難容之事"。即使是與邪惡鬥爭，也要寬容，也要愛！這對俗常的人是何其難能啊！

中國人講的是："冤有頭，債有主。""善有善報，惡有惡報，不是不報，時候未到。"看看，沒有一點兒寬容的餘地。

向曼德拉學習愛和寬容，是我剛悟到的。但是，肯定還沒悟透。原因是我到《詩刊》工作後，一直有幾個惡小在對我施惡，初始我不予理睬，後來這幾個惡小越來越瘋狂，我就有些心裡發狠，心想："老子啥也不要了，也要把你弄得生不如死。"為此我還寫過一首詩。這首詩一直不敢拿出來示人，是怕被大家看到我的惡。現在，

我一切釋然，不妨晾曬一下。當然了，我有足夠
的勇氣亮出我曾經的惡。詩如下：

卑下的情緒

對有大邪惡的人
做一點惡事
應該得到原諒
比如挑斷惡人的腳筋
讓邪惡從此力不從心
或者把他按倒在地
像岳飛廟前永遠跪著的秦檜
想著想著，手裡好像已握著一把尖刀
接著就去百度查詢挑斷腳筋的方法
查著查著，心裡就有一團棉花堵著
唉！善惡對峙幾千年
一把刀和挑斷一根腳筋無法徹底了結

邪惡的人
是蒼蠅蚊子
用毒藥撲殺
也僅是暫時有效

我拿出一支菸
用烈火把尼古丁點燃

再從嘴裡吐出毒氣
我要用邪惡的力量
把邪惡埋葬

　　把這首詩和當時的心境攤曬出來，也算是擺脫了曾經的枷鎖，雖然稍晚，也聊勝於無吧。
　　向曼德拉學習，用愛和寬容消解戾氣。

077

　　二十年前讀武俠小說，真是上癮，可以說是廢寢忘食。金庸、古龍的書，得到就看。最有意思的是，看完一本武俠書，好像自己就已經有了武功，而且每看一本就會增加一些功力。那時，在路邊看到一塊石頭，就想伸手一掌把石頭劈開；看到一堵牆或一棵樹，就想用降龍十八掌給打倒。已經有了走火入魔的勢頭。後來，突然醒悟，金庸、古龍等人是作家，是編故事逗我們玩的。
　　當然，也明白故事裡的事，說是就是，說不是也是。作家把人間那些善惡美醜、人生百態，用一些怪人、奇人來演繹。寓教於樂啊！後來自己寫東西了，也深諳此道。

　　我記憶很深的一部古龍先生寫的小說叫《絕代雙驕》，裏邊有十大惡人。這十大惡人之一，有一位叫：白開心。白開心的格言是"損人不利己"，他專幹莫名其妙的壞事，無明確個人目的的壞事。最後，死於另一個惡人哈哈兒之手。

　　大凡小說中的惡人，最後的結局都是死於另一惡人之手。也就是說，善良的人，都懶得對惡人下手，讓更惡的人去消滅惡。

　　至今沒明白的是：古龍先生在哪兒找到的"白開心"的原型？為啥把損人不利己的人寫得那麼惡。

　　生活中，確實有那種看不得別人過好日子的人。別人過上了好日子，好像花了他的錢，住了他的房子，享受了他的幸福。於是，就想著怎麼把別人的日子弄糟，怎麼把別人的房子給拆了。

　　這種人的表現也是人類劣根性的一種。

　　古龍先生只寫了十種惡，其實，生活中惡人的種類遠不止這十種。

　　善的進步永遠也跟不上惡的發展。就像電腦病毒，殺毒軟件永遠跟在病毒的後面跑。

078

　　一次，我在某地做詩歌講座。講座結束後，有二十分鐘的交流。一位朋友站起來問我："現在的詩歌，都脫離現實。怎樣能讓詩歌回到現實中來，回到人民大眾中來？"

　　聽了這個提問，我差點兒就想告訴這位朋友：你這個問題是你不懂得詩歌的問題。可我是被請來講座的老師，不是來吵架的鬥士，必須耐心，必須和藹。

　　我稍頓了一下，說："詩歌從來就沒離開過現實，很有可能是你的閱讀太'現實'。不能要求詩歌去指導現實生活，更不要在詩歌中找生活指南。時代在前進，物質生活和美學領域都在前進。當人們大踏步向物質甚至貨幣靠攏的時候，詩歌正昂首挺胸地走向美學領域的廣闊和對生活本質的深度挖掘。用貨幣萬歲的心態去讀詩歌，詩歌肯定是脫離現實的。詩歌是藝術品，不是有著很強操作性的菜譜。至於怎樣回到人民大眾中間？我的答案是：詩歌是文學作品的貴族，身上有貴族血統的人才能讀詩歌。我說的貴族，當然指的是精神層面的。大家一定有過詩歌混跡大眾中的記憶，比如：'大躍進'詩歌，'文革'詩歌，‘小靳莊’詩歌等，那些有激情、有煽動力的分行文字，曾深入大眾，婦孺皆知，三尺小童便可背誦，可那不是詩歌的力量，是政治的力量。那些押韻、分行的口號式的文字，對那時詩歌的進步沒有一點兒幫助，反倒讓大眾以為詩歌就是那樣用來‘鼓與呼’的。其實，詩歌是小眾的。讀詩必須是你愛我、我也愛你，才能產生的知音。”

　　還有一次講座，一位聽眾朋友問我：“先鋒性的詩歌，怎樣在語言上表現先鋒性。”我回答：“詩歌都具有先鋒性，不是某些人自我標榜是先鋒詩人，才能寫出具有先鋒性的詩歌。詩歌的語言沒有先鋒與落後之分，詩歌的語言永遠都忠實於當下。古代人忠實於古代，當代人也必須忠實於現代漢語。不可能有為創造未來式語言而創作的詩歌。至於，一些修辭手段和創作手法的使用，那不是先鋒性，是技術。”

　　多次講座中，我覺得這兩個問題比較典型。也許很多朋友的心裡還裝著這兩個問題。

079

　　不斷地聽到“詩歌邊緣化”的聲音。我不得不說說詩歌邊緣化的這個問題。

　　還是讓我順著傳統這條線索，簡單梳理我們的文明和文化傳統，以及與下列這些偉大的名字間的關係：屈原、司馬遷、嵇康、阮籍、陶淵明、王維、陳子昂、李白、杜甫、白居易、賈島、孟浩然、李賀、李商隱、蘇軾、黃庭堅等等，在我們這個由"官員─詩人"或"學者─詩人"建立起的傳統的國度裡，上列先賢，無一人不是處在他們時代的邊緣，或被那個時代邊緣化後，才發出自己的聲音。

　　首先，我們不能離開或忽略詩人所處時代的社會經濟、政治、物質和文化的大背景，去片面和孤立地探討他們的聲音位置。其次，詩歌在任何時代都沒有能夠直接介入、干擾、改變社會經濟、政治、物質和文化大背景。也就是說：詩歌聲音的位置一直在邊緣。那些希望詩歌具有干擾、改變社會功能的詩人，都被社會經濟、政治、物質擊打得頭破血流。現在對當下詩歌"邊緣化"的討論和反思，其實是從上個世紀九十年代開始的，而這個討論一起步，實際上已經是一場高於詩歌本身的現象或圍觀，並不來自詩歌本身，我們大可不必驚慌。或者，我們可以放眼世界詩歌史，也會聽到經久迴響著的像荷爾德林、里爾克、佩索阿、蘭波、波特萊爾、狄金森、曼德爾斯塔姆、策蘭等邊緣的聲音。這一方面證明了“詩歌無疆”，另一方面，也說明詩歌的“邊緣化”問題是全球化的問題。

歷史和社會的變革，必然產生邊緣化問題，它符合事物發展本身所特有的“中心離散化”規律。因此，主流和非主流，中心化和邊緣化都是動態的，邊緣化現象並非一成不可變。對詩歌而言，邊緣化是有好處的，至少，它爭取到了藝術的獨立和自由，不再是時政的逐利者與寵臣。甚至，我們可以這樣說，唯有邊緣化，與“中心話語”保持合適距離，詩歌寫作才有可能抵達真正的詩意、詩性和神聖。當然，不可否認的是，邊緣和主流的界限並不會簡單到涇渭分明、油水不融那麼簡單。

080

閒逛書店，讀閒書。

本想買一本《林泉高致》回家看，偏又看到一本《琴史》。信手一翻是宋代才子朱長文所著，便一併買回來了。看完這本《琴史》，頓時對朱長文這個人生出些許疑竇。

過去我讀過朱長文的《樂圃記》，寫得好，舒展中見學識，義理中見情趣。據說他的《墨池編》寫得更好，但遺憾至今沒讀到。買回來的這本《琴史》，我是懷著極大渴求與期待的。

晚飯後，散步一陣，把書恭恭敬敬地放在書案上，沏上一壺茶，看著這本書先抽一支菸，讓自己靜靜氣息，然後拿起書來讀。可是越讀越覺得不對勁，耐心地用兩天的時間把這本書讀完，一肚子脹氣，滿腦子渾濁。這是琴史？這不就是剪刀漿糊的產品嗎？整本書朱長文沒有一句話，整個是歷史上某某某某寫的文章集錦。可封面上明明寫著“朱長文著”。若是寫著“朱長文編”，大概我也不會有脹氣了。這本《琴史》，就是朱長文編的，而且編得不好。從體例到所選文章都和“史”沒有太大的關係。

可他為什麼要編這麼一本書呢？這和他的身世與身體有關；和宋代重文輕武的風氣有關。

首先，要肯定的是：朱長文是個大才子，是個學問家、教育家（但我實在不能說他是個編輯家）。他十九歲就“乙科登第”，就是全國高考第二名。但因他年齡小，吏部不好安排他去做大幹部，就讓他回家等長幾歲再來做官。第二年，他來吏部報到，吏部安排他到許州做文秘。可惜，他身體羸弱，一次騎馬時，從馬背上摔下來，腿骨折了，從此跛足。跛足為官實在有傷大雅，礙於顏面他回家隱居修學。跛足隱居讓他有很多時間增加學養，他的學識在此時開始突飛猛進，他主要是學習儒家的理論，並開始著述。但他沒做過編輯。

宋代文人，都要求自己能著作等身，寫不出來的，就去做編輯。學孔子嘛！孔子一本書也沒寫，只編了一本《詩經》，就成了聖人。於是，宋代文人編書成風。米芾就編了《書史》、《畫史》、《硯史》等幾本。朱長文看到唯《琴史》尚無人來編，於是就動心思編了這本不倫不類的"史"。他自己這樣說："書畫之事，古人猶多編述，而琴獨未備，竊用慨然，因疏其所記，作《琴史》。"看看，這朱長文不是為了繼承和發揚傳統文化而編《琴史》，是為了填補空白。

一提起填補空白，我又一肚子脹氣。近些年來，我們大肆宣揚填補了這個那個"空白"，結果我們並未感受到這些被填補的空白，為我們的生活、生產、科技進步帶來什麼實質性的益處。為什麼？因為被填補的那些空白，本來就填不填一樣。比如：有人刷牙豎著刷，有人橫著刷，此時，有好事者站出來填補空白了：經研究並多次臨床試驗，刷牙應該轉圈刷！這項研究填補了刷牙史的空白。就這個填補法兒，你肚子裡沒脹氣嗎！

為著作等身而增加高度去編一本書，必然編不好。

　　首先，朱長文不善操琴，雖然他的家族里長輩有大琴師，但他是不會彈奏的。他編《琴史》就是外行領導內行。其次，因是突發奇想，準備倉促，逮著什麼就粘貼什麼，內容零散，次序雜亂。他本想用這本書來“以琴論道”，可他未發一言。當然了，這本書，對習琴者還是大有用處，因這本書可以說是資料彙編。

　　其實，我讀《琴史》還想知道，當年孔子在杏壇教學生習讀《詩經》時，給每一首詩都配了琴譜，這些譜還在嗎？

　　說了這麼多對朱長文先生大不敬的話，未免偏激。但是，讀一本書沒看到自己想要看到的東西，有點兒偏激，似可理解。

081

　　一個詩歌編輯是不是一定要會寫詩？答案是肯定的。

　　詩歌編輯寫詩，是為了體會寫詩的艱難，在審閱詩人的詩稿時，心底會湧上一些溫情。一個會寫詩的編輯在讀一首詩時，能感性地認識到這首詩好在哪兒、壞在哪兒。

　　不過，似乎有這樣一個定律，編輯的作品都

不是太出色。這不奇怪，編輯的專業是審讀，當
他自己創作時，會自覺地用審讀他人作品時的條
條框框來限制自己的創作，而創作，最忌諱條條
框框。就像醫生，可以告訴病人怎樣養好病，怎
樣可以健康，但醫生本人未必健康。我要申明：
我絕不是為我這個詩歌編輯沒寫出太好的詩來
辯解。

　　詩歌編輯會寫詩，而且寫得還過得去，才是
真的懂專業。編輯只有理論是不合格的。同時，
我也覺得，那些理論家們也要懂創作，也要從事
一些創作。否則，面對作品的具體問題的評判
時，會腳不沾地，會隔靴搔癢。

　　無論編輯還是理論家，審讀作品時，不能只
關注詞語、結構和技術手段，重要的是要關注作
品的情感飽和度。而能感受到作品的情感飽和程
度，一定要有過創作經歷和一定的寫作經驗。

　　所以，我對那些沒有創作經歷的編輯和理論
家，一邊敬畏，一邊存疑。

082

　　一次，幾個文朋詩友小酌，席間，有人大談
魯迅的得失。他的觀點是魯迅的鬥爭性太強，超

出了一個作家的職能範圍。眾人有和之的，有駁之的。我沉默。

我當場不說話，是和他們的觀點都不同。我認為：魯迅的本質是個詩人。他的小說充滿了詩情，他的雜文就是詩。

一個詩人不能沒有鬥爭性。鬥爭性是審美立場，是詩人的自信，失去了鬥爭性，詩歌豈不要"暖風熏得遊人醉"？

我主張詩裡要有鐵，要有不可動搖的美學追求。大概沒有哪個藝術門類會像詩那樣經常反常識的。

好詩人，就是要把正確的指南針的磁針給弄得偏離方向，並被認可。

083

二十年前，初做編輯，為了讓自己對作品的判斷能夠有說服力，也是為了不被作家、詩人的文本欺負，我便大量閱讀理論、美學及各類文本。漸漸地，覺得有些自信起來。但隨著作家、詩人文本的大踏步前進，漸漸又覺得有些心空膽虛，便又開始古今中外地閱讀，記讀書筆記。

一個職業文學編輯，在理論、美學鑒賞及文

本閱讀經驗上，必須要走到作家、詩人的前列，不然，輕則會判斷失誤，重則被文本欺負，貽笑大方。儘管我現在做得還不夠盡善，但我一直在努力著。

近日，重讀嚴羽的《滄浪詩話》，感慨頗多。記得二十年前讀的是無註釋暨排大字版的，當時，憑藉自己略自信的古文功底，憑藉自己對詩歌的理解，讀後也是蠻有心得，並自詡：吾腹有嚴滄浪，再遇詩文有何懼哉。

前些日子，又新買了一本《滄浪詩話》，郭紹虞先生做的註釋，也是暨排版。（不是刻意，讀古人書，我喜歡讀暨排版的，覺得讀暨排版的書和古人交流時比較順暢。）同時還買了幾本關於評說《滄浪詩話》的小冊子。讀了這些，突然覺得：當初我體會到的僅是《滄浪詩話》的三分之一啊。書，真是常讀常新，溫故而知新。重要的是，這次重讀，借助一些評論文章，我對嚴滄浪先生的一些觀點產生了質疑、不苟同，甚至相悖。

嚴羽的觀點白紙黑字釘在《滄浪詩話》裡，他沒有機會修改和增刪了，而我們這些讀者的認識卻在不斷地進步，不斷地"揚棄"。

嚴羽先生在《滄浪詩話》開篇的《詩辨》中，起筆就說："夫學詩者以識為主：入門須正，立志須高；以漢魏晉盛唐為師，不做開元天寶以下人物。”“以識為主：入門須正，立志須高。”說得好！我初讀時就記到本子上並時而溫習之。但後面這句“以漢魏晉盛唐為師”今天讀來心有惶惑。我國的詩學經典當從“詩三百”始，可嚴老師咋讓俺們從“漢魏”學起呢？我絕不會認為嚴羽先生瞧不起“詩三百”，更不會認為嚴先生沒讀“詩三百”；我給出的唯一的理由是嚴羽先生把“詩三百”當做《詩經》。所謂“經”者，乃哲學之謂。哲學者，理論之謂也。嚴羽先生可能認為：哲學怎麼能是詩呢？既然把詩冠以“經”，就讓哲學家們去讀吧！或者，嚴先生認為《詩經》中的詩無規可遵，無矩可循。於是，嚴先生就讓後人學詩“以漢魏晉盛唐為師”，棄《詩經》而不顧。當然，這純屬我個人猜測，只因嚴先生未提及《詩經》而猜疑。

　　《詩經》是不是哲學？是！《詩經》是不是詩？是！“詩言志”、“文以載道”中的“志”與“道”都是哲學範疇。直說了吧，哲學論斷大部分是詩的派生品。

　　但學詩還是要從《詩經》始，這是毋庸置疑的。《詩經》中的詩，對生活現場的表現、靈性的飛昇，至今都是詩人們學習的典範。更重要的是：《詩經》中的詩，為我國詩歌的敘事與抒情的平衡，音樂性畫面感與詩性意義的互補，立下了傳統，理所應當為後世之師。所以，學詩從《詩經》起，才是"入門須正，立志須高"。

蘇東坡說："熟讀毛詩、國風、離騷，曲折盡在是矣。"呂居仁更直截地說："學詩須以《詩三百》、《楚辭》、漢魏間人詩為主，方見古人好處。"黃庭堅在《大雅堂記》中謂："廣之以國風雅頌，深之以離騷九歌。"

這些人的說法都和嚴羽所提出的"以漢魏晉盛唐為師"相左。其實，嚴羽在《滄浪詩話》中《詩體》部分有如下描述："風雅頌既亡，一變而為《離騷》，再變而為西漢五言，三變而為歌行雜體，四變而為唐宋律詩。"

古人們吵架我們勸不了，但在古人的吵架聲中，我們似乎悟到了這樣一個結論：理論家撰文立論，切不可孤絕。

嚴羽當然有侷限性，其認知的侷限、經驗的侷限、時代的侷限。

批評嚴羽《滄浪詩話》較為嚴厲的，大概要數錢振鍠在《謫星說詩》中所言："（嚴滄浪）埋沒性靈，不通之甚。"此語我覺得偏激。我倒是覺得朱熹的觀點可取："蓋滄浪論詩，只從藝術上著眼，並不顧及內容，故只吸取時人學古之說，而與儒家論詩宗旨顯有不同。"當然了，說點大話：儒家論詩宗旨，我也未必完全認可。
"詩言志"、"文以載道"中的"志"與
"道"，絕不是對強權的附和，不是政治需要的
附庸，一定是個人慾望的傾述。

　　我對那些讀詩、讀論，從義理考據出發，並
以義理考據為終點者，無論詩人還是理論家，我
都恭敬之再恭敬之，有距離地恭敬之。

　　師古是學詩的必經之路，但不是摹畫之形體
的言語，要師心師性師情師曠達。至於是從《詩
經》師起，還是從漢魏師起，可能會各有偏愛。

　　有一點可以肯定：師當下為詩，必是屋內蓋
房，愈來愈小。

084

　　近一段時間，常聽到看到一些從事格律詩詞
創作和研究的人士發出"抑李揚杜"的聲音，也
就是貶李白贊杜甫。其理由大多是站不住腳的，
缺乏有效的理論支撐。這種"抑李揚杜"，歷史
上發生過幾次，數宋代最甚。但李白仍是偉大的
李白。

　　李白是個詩歌天才，毋庸置疑。其詩中的飄
逸、別趣、不講理是杜甫不具備的。當然，杜甫

的感時、傷懷、沉鬱、悲壯，也是李白所欠缺的。

嚴羽在《滄浪詩話》中說："李杜二公，正不當優劣。太白有一二妙處，子美不能道，子美有一二妙處，太白不能作。"我認為此言極是。

詩人是否可以分優劣？當然要分。但要從人品、詩品上分。藝術是有階級的，階級是階層。同一階層的詩人，真的不必像奪錦標一樣分出誰是第一誰是第二。近些年，有人喜歡做排行榜，如果是商業炒作，無可厚非。商人嘛，怎麼能獲得最大利益就怎麼做，甚至可以缺德不要臉、背信棄義耍流氓。詩人不能這樣做，詩歌也不能。

就詩人而言，同一階層的詩人就別排座次了，排出來一定是詩歌笑話。

嚴滄浪說："太白《夢遊天姥吟留別》等，子美不能道；子美《兵車行》、《垂老別》等，太白不能作。"

其實，說唐朝是中國詩歌的高峰，而李杜二人共同成為中國詩歌高峰的峰頂，不可比高低。現當代詩人呢？最好也別排名次，不然會留與後人羞！

085

歲數大了，喜歡獨處。獨處有時是關閉感官系統和思維繫統，像一座停擺的老座鐘；有時卻會陷入沉思，思以往自己的過失，相當於"閉門思過"；更多的時候，我的沉思會在一個方面的事情或一個境遇接近完滿時，思及另一處的缺失，有點"居安思危"的老年態。

突然就想起讀《詩經·魏風》中《園有桃》的過程。"園有桃，其實之殽。心之憂矣，我歌且謠。"初讀時，甚是迷惘。桃子熟了，長得紅潤、漂亮，端上桌子，看上去就要流口水，還不痛快淋漓地大快朵頤、狼吞虎嚥，咋還"心之憂矣"？這不是矯情嗎？

近年才明白，這是詩人之思。詩人看到此處的飽滿、香甜，思及彼處（一定是心底極為牽掛的人與事）的苦澀、無果實、缺憾，只能憂心地"歌且謠"。

詩人不是及時行樂的人；詩人不是遇事"不主動、不拒絕、不負責"的人。

詩人的心底一定要有憂思，有憂思方能見深情。曹操的這一句"慨當以慷，憂思難忘"便是作為詩人的佐證。

由此看來，詩人年齡大了不宜獨處憂思，易患抑鬱症、自閉症，甚而發生更可悲的事情。

"心之憂矣，其誰知之？其誰知之，蓋亦勿思。"（《詩經·園有桃》）。

086

寫詩在自由，而不在規矩。

我很欣賞蘇東坡的一句話：“行乎其所不得不行，止乎其所不得不止。”

“行”與“止”是詩人創作時的度。“行”是豐富飽滿地釋放，“止”是言簡意賅的含蓄與幽深。處理好“行”與“止”的節奏，才能讓詩作完成有效傳達。

詩人要知其行而行，不能沒情沒思強說愁；行到當止則止，別把酒精兌水。

每天都能寫詩者，我疑；三月倆月無詩行者，似可自問：尚能詩否。

087

讀到一本批評《滄浪詩話》的小冊子，書名叫《嚴氏糾謬》（馮班著），說白了，就是馮氏給嚴羽的《滄浪詩話》挑錯糾錯。乍一拿起這本小冊子，很感興趣，並滿懷期待。可第一篇文章讀完，我就想把書扔了。這不是“糾謬”，是譁眾取寵，是矮子指責巨人長得太高。

　　馮氏說："（嚴）滄浪論詩，只是浮光掠影，如有所見，其實腳跟未曾沾地，故雲盛唐之詩如空中之色，水中之月，鏡中之像，種種比喻，殊不如劉夢得雲'興在像外'一語妙絕。"這是違背詩歌精神的批評，是無自己觀點的批評。不是"疑義相與析"的討論，是強盜式的混掄。

　　我在此責罵馮班的時候，心裡想的卻是當下那些所謂"詩歌批評家"們。自己給自己扣一項"批評家"的帽子，不管是紙糊的還是鐵打的，戴上就敢招搖過市，弄得我們看到戴這種帽子者太多，有才學者太少，只會借別人的觀點來拼湊文章者太多。

　　其實，馮班還是較有才華的，只是批評的口吻不對。

　　批評他人的文本，是要拿出自己的真才實學、真知灼見來，要有自己的理論體系作為支撐，是要求批評家的解讀能力超越作者的。這些是當下許多打著批評家幌子而無德無才的騙子所沒有的。

088

　　一學生問我：怎樣解釋"思無邪"？

　　這還真是一個詩人要解決的問題。當然，我的解釋未必是孔夫子"思無邪"的原意。

　　大自然有陰有陽，人心有善有惡，社會事件複雜多變，所謂得意處只占一二三，不如意處卻占七八九。善人被欺，良人多難，好事多磨等等。人間滿是委屈、扭曲、陰謀、傾軋，如何"無邪"？

　　我理解：思無邪，不是盯著陰暗、陰謀、扭曲、不平，去憤懣，去刀出鞘、彈上膛，去怒從心頭起、惡向膽邊生，而是要以"思"去正"邪"。

　　詩歌的力量是詩人把自己的理想國展示出來，去影響、去感化邪惡。這個力量肯定有限，但會長遠。所謂道德力量，大部分來自詩歌。所以，人類社會有怎樣的陰暗不重要，重要的是詩人之"思"能否釋放巨大的心靈美好、善良的力量。一首詩不會殺死一個惡人，但會讓更多的善良人對惡人惡事抵制、拒絕。

　　詩人之思，只嚮往美善。

　　好人、善良的人受難、受委屈是正常的事，壞人、惡人是無法消滅的，或者，正因為有壞人、惡人，才讓詩人們有強大的動力去嚮往美好。好詩人受點委屈不是壞事，受過委屈，可能會激發更強烈的激情，文字更具深情，此種案例比比皆是。比如司馬遷。

司馬遷對《詩經》有一段話，似可作"思無邪"的解釋："詩三百篇，大抵賢聖發憤之所為作也。此人皆意有所鬱結，不得通其道，故述往事，思來者。"

詩人便是"故述往事，思來者"之人，此等"思"，定"無邪"。

089

經常與從事格律詩創作的先生們接觸和對話，他們投入的狀態讓我歎為觀止，但他們偏狹的執拗也讓我無奈。比如，"格律不工，就不是詩"這樣的論調。我常對他們說：你寫的是詩呢，還是格律訓練呢？一首詩不傳達感情，只有工整的格律，能叫詩嗎？此種辯論，有時會把老先生們氣得手發抖，我真是於心不忍。

我曾對一位酷愛格律的工程院院士說：莎士比亞的十四行詩，在英語世界裡是有格律的，可我們讀的漢譯本已沒有格律，您能說不是詩嗎？同樣，李白、杜甫等格律詩譯成英語也不會有格律，英語詩人同樣把李白、杜甫當大師。格律是音樂的需要啊！儘管我古今中外地舉例，苦口婆心地說，效果依然不明顯，他們依然堅持：首先是格律，格律不工，就不是詩。

其實，原因很簡單，這些先生們的閱讀不夠，盲目地理解格律詩。豈不知，李白、杜甫等就沒幾首合律的詩。

趙翼在《題遺山詩》中說："賦到滄桑句便工"。這滄桑是人類情感，是詩人的內心慾望。情感、慾望釋放得得體，詩歌自然就是"工"。杜甫的《飲中八仙》、李白的《贈汪倫》都是打油，但不是"地溝油"。

有些人寫格律詩，就是打油。現代生活經驗無法引入詩行，古人情懷學不來，只能打油。但會打油的太多了，覺得該給打油設個門檻，詩詞格律就做了阻擋打油的門檻。其實，很多現在的格律詩，有了工整的格律，還是打油，而且是"地溝油"。

詩是情感的流動，不是詞語格律的遊戲。

090

曹子建的《洛神賦》一直有一個問題未解，即：子建是寫給誰的？一說是寫給甄妃的；一說是思念文帝的；一說是子建的個人精神審美追求。初讀很相信是寫給甄妃的，理由是，這麼美的文章只配美人享用。後來讀到詹鍈的《曹植洛神賦本事說》一文，詹氏說：其從《離騷》出發，以洛神為賢人，懷賢念友，因為曹植“左右唯僕隸，所對唯妻子”，故有此賦。此論，我不以為然。

我近日重讀《洛神賦》，確定此賦是從屈原的《離騷》、宋玉的《神女賦》中所來。所不同的是，子建在《離騷》、《神女賦》的美麗軀殼裡，用才情與學問充實了豐滿的血肉。於是，我相信追求精神審美一說。

說《洛神賦》從《離騷》、《神女賦》而來，並不是說曹子建在抄襲。子建當然不是抄襲，是借意境寫個人的拓展。還有，我想一篇文學作品，真的不必一定要確鑿地指認是寫給男寫給女，寫給張三和李四。有時，就是寫給那麼一個懵懂的方向。

至於《洛神賦》是寫給甄妃說，真是大謬！就像最初讀“洞房昨夜停紅燭，待曉堂前拜舅姑。妝罷低聲問夫婿，畫眉深淺入時無”時，認為是一位新娘子寫的一樣大謬。

一首詩或一篇賦的寫作，和詩人當時的心情、情緒有關，未必和具體的環境有關。

曹子建寫《洛神賦》時，是他用“七步詩”

賺得小命後，最鬆弛的時間。封了領地，拿著王
侯的俸祿，不問人間冷暖。可曹子建是個詩人，
有較高的精神追求。他可以思以往，也可以思未
來。《洛神賦》一篇，我更相信是子建懷舊憂思
心往神馳"明天會更好"的作品。

091

　　對陶淵明的認識與喜歡，從《桃花源記》始。
後讀《歸去來兮辭》和《閒情賦》。

　　人的閱讀有時是很容易帶著最初的印象先入
為主的。最初認定了《桃花源記》好，並認定了
陶淵明的代表作就是《桃花源記》。當然，把《桃
花源記》作為陶淵明的代表作也不是什麼大錯。

　　近日重讀陶淵明，忽覺得：我過去咋對這篇
放蕩不羈的《閒情賦》重視的不夠呢？

　　《閒情賦》早於《桃花源記》和《歸去來兮
辭》寫成。那時，陶淵明 30 歲左右。他寫這篇文
章時，是他剛"辭官"歸家和其夫人新亡之時。
陶淵明 29 歲時，經他叔叔推薦到州裡做了一個
有名無實的小官"祭酒"，這是陶淵明平生第一
次做官，但不久就因"不堪吏職，少日，自解
歸"。同一年，他夫人為他產下兒子陶儼，兒子

不滿週歲，夫人即病逝。此後一年左右，他寫下
這篇《閒情賦》。關於這篇文章，爭議頗多。比
如蕭統的"愛情"說，蘇軾的"比興"說，等
等。我還是那句話：古人吵架咱後人勸不了，用
看熱鬧的心態好好聽就是了。文人吵架，本來就
沒有是非、正誤可言，倒是能看出吵架者的才氣
與性情及心胸。

　　我讀我的《閒情賦》，不是陶淵明的，也不
是蕭統和蘇軾的。

　　我覺得《閒情賦》要比《桃花源記》和《歸
去來兮辭》寫得好，好就好在不端架子，信手隨
性，意到筆遂。在陶淵明做官兒那段時間，深受
規矩的束縛，官規、文規，讓他不堪"吏職"，
"自解歸"後，真是呼吸順暢，心底放鬆、筆風
自由。至於《閒情賦》的內容是說愛情，還是玩
比興，古人解析得夠多了，我無須再贅。但有一
點我是知道的：那就是陶淵明深愛屈原，對屈大
夫的"香草美人"頗有心得，此篇《閒情賦》我
也讀到了屈大夫的影子。若定位此篇為"愛情"
說，我的確不敢苟同。中國的古人說情談愛時，
都藏得很深，很少直言，言情說愛時，必偕風
物、他人同時出現。而《閒情賦》通篇從美人相
貌到飾物不厭其煩地描寫，僅是借美人這一"尤
物"而言那時心境之自由，身體之舒展，筆端之

盡興。再說，陶淵明重視過"愛情"嗎？寫過男歡女愛嗎？心中有耿耿於懷的人嗎？

再說說《桃花源記》和《歸去來兮辭》，這兩篇當然是陶淵明的重要作品，也可以說是代表作。但我覺得，這兩篇在本無規矩的條件下，他卻自己規矩起來，有端著一個大作家架子的痕跡。

說到底，我坦白，這哪是在說陶淵明啊，我在說當下的寫文作詩者。尤其是寫詩，咱別自己給自己立規矩，也別給別人立規矩。規矩要麼是裹腳布，要麼是鐐銬。還有，總端著架子寫東西挺累的。我不是心痛你端著架子累，是我們讀著累。太累了，我們就不讀了。

092

《詩經》中的〈草蟲〉實在是應該好好讀讀。我是說那些在談情說愛的，或正在寫愛情詩的朋友。

《草蟲》是一首愛情詩，寫得細膩，絕對；真實，生動，精粹；是由感性到理性的有效抒情。重要的是，這首詩在兩千年前，就解決了痴情、專一的愛情是什麼？該怎樣對待的問題。

這首詩告訴我們：愛是什麼？是孤苦。是憂

鬱寡歡、焦躁不安、杯弓蛇影地懷疑、徹心徹肺地疼痛和茶不思飯不想的嘆息。若想解決這些問題，就要解決孤苦。也就是說，當深愛一個人、專情一個人而不得見時，一定會憂鬱、不安、懷疑、嘆息。一旦相見，則波瀾凝固，大地安靜。愛是"搔首踟躕"，是"一日不見如三月兮"。

　　〈草蟲〉對"愛而不見"是這樣描述的："未見君子，憂心惙惙。亦既見止，亦既覯止，我心則說。陟彼南山，言采其薇；未見君子，我心傷悲。亦既見止，亦既覯止，我心則夷。"看看，見不到你，我就鬧騰，就憂心惙惙，就我心傷悲。見到了，就止，就夷。

　　又想說說咋能寫好愛情詩了，答案是：讀〈草蟲〉。

093

　　一次去湖州開詩會，當地人向我介紹湖州的文化名人，說了一大串名字，文才武將都有。可我知道，這些人中，有一部分只是在湖州路過或小駐。最遺憾的是，沒聽到他向我介紹一位真正的湖州人：南朝的沈約。或許因為沈約名聲不大，沒做過驚天動地的事，或許是他根本不瞭解湖州史或中國文化史。

　　沈約和王羲之、顏真卿（這兩人根本不是湖州人）、吳昌碩相比，名氣是小了點，也沒有善璉湖筆、安吉白茶那麼名聲遠播，但在中國文化史上，沈約是繞不過去的。

　　嗨，我竟瞎操心，湖州人知道不知道沈約，對湖州、對沈約都不會造成什麼損失。

　　不過，這一趟湖州，倒是刺激了我想說說沈約。

　　沈約首先是個史學家，他撰有《宋書》、《晉書》、《齊紀》等等。有些書是命題作業，因為他做了南朝宋、齊、梁的三朝記室參軍、尚書度支郎，也就是個辦公廳大秘書，或負責記錄、保管的檔案室主任。我不想說他怎樣做史學家，我想談：他在詩歌創作上的貢獻。

　　南朝詩人大多善詠山水，偶吐離愁。以謝靈運為首。我曾大膽地猜想，南朝的詩人們，知道自己是生活在一個一覺醒來，城頭已換大王旗的時代。所以，逃避時政、躲開現實而寄情山水與兒女情長。想想看，沈約活了七十歲左右，就做了三個朝代的官。哪個詩人敢去歌詠朝政，哪個詩人能不抒山水情懷、痴男歡女愛、嘆生離死別呢！

　　沈約是才子，有思想，有抱負，只是性情軟弱。我認為：他對詩歌創作的貢獻是提出了"三易"："文章當從三易：易見事，易識字，易讀誦。"

這"三易"，我理解為：撰文作詩，要像對母親說話，對兒女說話，或是寫詩作文給母親、兒女看。要明確，還要百煉鋼化為繞指柔。

你的文，你的詩，親切了，溫暖了，就會有人愛你了。不要擔心"三易"之後會失去一些技術的奧秘，技術有時是囚牢，囚住的恰是你要釋放的情感。

094

說孔子是中國最早、最偉大的詩歌編輯，當無可爭辯。

司馬遷在《史記‧孔子世家》中說："古者，詩三千餘篇，及至孔子，去其重，上采契后稷，中述殷周之盛，至幽厲之缺，始於衽席。"可見，孔子是將西蠻屋春秋時期五百年間留存的三千多首詩歌編輯成三百零五首。戰國晚期，才將《詩》綴以"經"，固有今之《詩經》。

我們無法考據被孔聖人"斃"掉的那兩千七百多首詩是表現什麼內容，水平如何，但我們確信眼前的這部只有三百零五首的《詩經》，為中

國詩歌樹立了偉大的敘事和抒情傳統，樹立了
《詩經》是漢語詩歌的源頭和典範。

　　孔子是在怎樣的理念下編輯《詩經》的呢？
司馬遷在《史記》中說："三百五篇，孔子皆絃
歌之，以求合《韶》、《武》、《雅》、《頌》
之言。"由此，我們知道孔子為教學而編。原則
是：一要有道德的力量；二要有藝術的力量。孔
子的"道德"，就是他老人家常說的"君子比
德"的"德"。他是"唯德以選"。也就是說：
一首詩有"德"的樹立，就不會在"賦、比、
興"上過多糾纏。當然，一首詩無論怎樣責以大
義，也必須有情事繚繞其間。孔子立下的標準，
至今天，有責任感、使命感的編輯，莫不如是。

　　編輯讀詩，一定要與所讀之詩作有感覺上的
暗合與精神上的悟會。暗合與悟會，決定取捨。
或說：編輯讀詩以知柄。

　　編輯不是法官，不可能對每一首詩都給出一
個是非清楚、證據確鑿的判決。

　　編輯是政治和藝術責任的雙重背負者，要立
德、立情。從職業上說，編輯是詩歌的"善讀"
者。清代學者葉矯然說："讀詩自當尋作者所
指，然不必拘某句指某事，某句是指某物，當於
斷續迷離之處而得其精神要妙，是為善讀。"

　　其實，編輯每編完一書或一刊，心裡一邊默

念“畫眉深淺入時無”，一邊自信地高亢：“我
以我血薦軒轅”。後者，亦是魯迅夫子的感悟。
補充一句，魯先生也是個好編輯。

095

　　“去復去兮如長河”是白居易先生慨嘆時間
流逝的一句詩。這句詩，是比較溫和的提醒，不
像莊子“人生天地間，若白駒之過隙，忽然而
已”那樣森然尖刻、刀鋒銳利。其實，一個人對
待時間的態度，就是對待生活的態度。

　　毫無疑問，熱愛生活、珍愛生命的人，都珍
愛時間。

　　時間，本是不存在的物件，它是人類為了記
錄生活流程而設置的一種隱性的度量衡。各種人
群，懷著各種心態，對時間都抱有恐懼和敏感。
而在各種人群中，最真實、最敏感的，莫過於
詩人。

　　詩人面對分秒的更替，正常反應是：一秒鐘
前的詩歌作品已交給歷史，下一秒鐘將展開又一
個陌生。

　　陌生，是激發詩人靈感的源泉。

　　陌生，使詩人懂得創造。感到了陌生，就會

拒絕同化；就會摒棄既定的審美慣性與習性。陌生，就不會對身邊的日常生活、人間情感熟視無睹。陌生，會使詩人持久地意氣風發。陌生，讓詩人不繪圖而經歷，不攝影而洞察，不再現而塑造，不拾取而探尋。當然，陌生，並不會依賴破壞式"創新"的衝擊而存在。無序的、無理論支撐的破壞，不是創造，古今中外都不是陌生。

時間"不捨晝夜"地潛行在日常生活裡，詩人一邊要在日常生活裡妥貼地安放肉身，一邊要靈魂出竅地對抗時間，穿越時間。"花影常迷徑，波光欲上樓"。

當詩人獨處，曾被忽略掉的時間會撞上胸口，撞響孤單。由是慨嘆：那些被浪費掉的日常生活，才是時間。

096

熱愛詩歌的人都知道賈島與韓愈"推敲"的故事，也都知道賈島："二句三年得，一吟雙淚流。知音如不賞，歸臥故山秋"的孤絕。無論韓愈還是賈島，對遣詞派字如此這般地狠，就是為了詩歌的"創造"。當然，此類"創造"的故事古今中外不勝枚舉。

　　詩人寫作是創造，是獨創。獨創，不允許寄生；獨創，必須咬破罩住自己的他人的繭衣而蛻變振翅。獨創，是詩人高度的精神自覺，是打開或參破那些沉默的、不常被傾聽的事物與情感，做詩人自己的有力發現和見證，是展示現實社會的真實圖景、呈露詩人自己的幻象，進而表現詩人自己的想像力與創造力。想像力與創造力，最終還是要靠"二句三年得，一吟雙淚流"的語言做載體，才能得以有效地傳達。海德格爾說："語言是存在的故鄉"，海先生的這個"語言"、"存在"都應該是自己的"打開"或"參破"。

　　之所以強調"自己的"，是認為複製他人的情感和詞語，比製作藝術贗品以牟利更加可恥。

　　我們希望看到的詩歌作品中，貫穿著詩人自己的靈魂，能聽到詩人自己的精神言說。

　　有人曾擔心，網絡平台會化解掉詩歌的創造難度。其實不然，網絡平台對詩歌意識的普及，對當下詩歌寫作的多樣性，起到了非常重要的作用。只要不被虛榮和名利左右，詩人無論在哪個平台展示，都是當下詩歌創作蓬勃發展的一分子。對於一個有著詩歌稟賦、有著知識訓練的詩人，從網絡平台出發，可能是走向詩歌高遠處的捷徑。因為網絡的開放性，會使詩人更自覺地堅持原創，獨創。

杜甫先生說：“為人性僻耽佳句，語不驚人死不休。”就是要告誡詩人：堅持自我情感的真實，尋找帶有詩人個體密碼的詞根。

097

一次詩歌會議，我應邀坐在主席台上，主持人介紹我時，說：著名詩人、評論家……云云。我很汗顏。我是評論家嗎？編輯有評論家的功能，但絕不是評論家。

我認為，一個評論家是要有“許可證”的。孔子編了《詩三百》，也沒有當成評論家。他老人家教學生時，不講修辭手段，不講美學意義，也僅是唱唱讀讀，讓外行聽熱鬧，內行聽門道。可以肯定，孔先生的弟子裡，對詩歌這門課外行多，所以才“三千弟子，七十二賢人”。當他的學生子貢問他：研究詩歌，是要“如切如磋，如琢如磨”嗎？孔老夫子聽後才搖頭晃腦地說：是啊！“始可與言詩已矣。”用現代漢語說，就是：研究詩歌“要像對待骨、角、象牙、玉石一樣，切磋它，琢磨它”。孔子說：“你能從我已經講過的話中領會到我還沒有說到的意思，舉一反三，我就可以同你談論《詩》了。"

看看，孔先生對評論家的要求是能夠"如切如磋，如琢如磨"，能有"如切如磋，如琢如磨"情懷和境界的人，才可以論詩。這"如切如磋，如琢如磨"的能力，就應該是評論家的"許可證"。

我這個編輯，在編法稿件時，不會與誰"如切如磋，如琢如磨"，只是自己切磋與琢磨。所以，我不是評論家。也就是說，編者體現的都是編者本人的喜好。

詩無達詁，編詩亦無達詁。論詩者詁否。

風雨未必喻今世，遑論豈能盡詩情？至道無難，論詩之道卻難。

我一直對詩歌評論家懷有謹慎的尊重，我一直對編輯論詩懷有謹慎的警惕。

098

從古至今，寫詩的人大概都寫過桃花。桃花一直是值得美鮮慕艷者、多愁善感者吟詠的喻體。詩中最早出現桃花的應該是《詩經》裡的《桃夭》，之後才有詩人不斷地使用桃花這一具象。

陶淵明曾有《桃花源記》等；唐人寫桃花者更多，就連李白都多次寫桃花。

　　桃花可以是理想國裡飄渺的仙子，可以是入世的凡俗人情，更多的是“人面桃花相映紅”的美人。桃花有紅有粉亦有白，盛開時最惹蜂蝶，色澤艷得讓人想入非非。於是，有“桃花運”“桃色新聞”等艷俗之說。當然，也有慘烈的，如：冷兵器時的古戰場，“錘到處，腦漿迸裂，如萬朵桃花開”。

　　《詩經》中的《桃夭》，是“人面桃花”，曾被清代的文人譽為：此詩“開千古詞賦詠美人之祖”。這種論斷當然過於偏頗，或過於偏愛。但也足見這首寫桃花的詩對後世的影響。

> 桃之夭夭，灼灼其華。之子于歸，宜其室家。
> 桃之夭夭，有蕡其實。之子于歸，宜其家室。
> 桃之夭夭，其葉蓁蓁。之子于歸，宜其家人。

　　這是一首寫新娘子出嫁的詩，已無異議。而且從古至今，約定俗成的是：新娘子出嫁那天就一定是最漂亮的人。所以，把新娘子比作絢爛的桃花並開得紅燦燦，是沒有什麼過分的。但是，把這首詩說成是“詠美人之祖”就顯得閱歷短淺了，也過於武斷。更多的例子我不想列舉了，還是接著說桃花。

　　詩人眼中的桃花，為什麼有的是潔白的仙子，有的是俗世艷遇？有道是：各花入各眼。個人的心態、審美情趣和際遇決定了對桃花的態度。桃花只是客體，想念超凡仙子的和想念俗世美人的，不借桃花也可以借其他如杏花、梨花等。都喜用桃花，除桃花逢春、艷麗、半羞半野外，確實要歸功於《詩經》之《桃夭》。

　　說了半天，就是想強調《詩經》的影響力。可以判斷：陶淵明、李白及近現代詩人等寫桃花，都是從《桃夭》中來。有一個詞，叫澤被後世。把這個詞冠給《詩經》是恰當的。那麼，不讀《詩經》的人去寫詩，一定是不恰當的。

099

　　"將復古道，非我而誰。"這話只能是李白等輩說。

　　說出這種話的人，一定是貫通古今，才華橫溢，韜略滿腹。不僅有志向和雄心，作品也一定是有時空的穿透力，會百世流芳。

　　北京出租車的許多"的哥"善談，客人一上車就開聊，政治、經濟、軍事、文化、人情世故，無所不知。甚至奧巴馬下一步要打誰，咱中央又要怎樣安排幹部、人事，他都知道。也有欲知天下事，"非我而誰"的氣勢，讓你聽著很熱鬧，可下了車，你敢信嗎？

有些話，確實要看誰說的。《增廣賢文》上有一句這樣的話："夠不著屁股的手，別往天上指。"我不是說北京"的哥"，我是在說那些盲目自大的人。

常看到、聽到一些寫詩的人自發組織個什麼流派、宗派，然後就發宣言。宣言的內容比李白這句"非我而誰"還要雄心勃勃、戰旗獵獵，似乎他們的組織是詩壇救世主，他們的宣言一出，"英特納雄耐爾"明天就實現。我也是被熱鬧吸引得關注了一會兒，接著就想起北京"的哥"。

詩壇要不要分出幾個陣營？是不是寫格律詩的、寫散文詩的和寫新詩的要雞犬相聞？如果有分營而治想法的人，一定是個不通古今、無才低能、小氣狹隘的人。

詩，就是詩，不是用了某種形式或格律或散文化，就變成另外的一種詩了！不貫通古今能把格律詩詞寫好嗎？不可能！不懂格律詩詞的人能把新詩寫好嗎？我不信！不懂格律詩詞、寫不好新詩能把散文詩寫好嗎？我絕對不信！

宣言和口號都不能是用來蠱惑人、嚇唬人的，要拿出真刀真槍，就是拿出好作品來！不是編了多厚的印刷品，組織幾個多大型的活動，頒了什麼獎，詩歌就會自然存在。

靠活動證明擁有了詩歌的人，定遺來者羞！

李白的"將復古道，非我而誰"，是努力回到詩歌的源頭，重新理解本民族的詩教和政治自覺、創作自覺，是立天地之心，顯皓月之志。

《易經》中"復"卦的解釋是："復，其見天地之心乎。"

見天地之心，要用執著的天真，而不是功利的俗念。天地之心也是世道人心。要完成天地之心，就要俯仰無愧天地，褒貶只待春秋。

100

2012 年 1 月，我被調到詩刊社主持工作，一種壓力從天而降，一股憂思由心而生。

那年，我剛過完 52 歲生日，一個朋友向我索要一張字，我提筆就寫了："生年過半百，已無千歲憂"。朋友高興地拿著字走了，而我卻沉思了許久。我無憂了？因為有憂，才寫無憂。這是文人的毛病，或文人都常常幹的這種自欺欺人的事。我不是自欺欺人，我是希望無憂或暗示自己很快無憂。

　　這句話是從古詩"生年不滿百，常懷千歲憂"化用來的。為什麼化用這句，因為有憂。

　　"能者勞，智者愁。"此"愁"即是憂。反過來說：無憂者，無智。

　　有大憂者，懷大志，並能化憂為智。

　　想起孔子的一次憂。一天，孔夫子把自己關在一個小屋子裡，面容凝重，目光呆滯。學生子貢看到了，不敢問，就和顏回說：咱老師在屋裡發傻呢！顏回聽到後，立即走到琴台邊坐下，一邊撫琴，一邊高歌，一時雜訊鵲起。孔老師聽到後，就喊：顏回，你給我進來！顏回邁著四方步走到老師身邊。孔老師就問：你為什麼一個人在那兒又彈又唱？顏回不眨眼睛地反問："夫子奚獨憂？"就是：老師你為什麼一個人憂愁？孔老師有點兒發怒，說：你先回答我的問題。顏回有備而來，大大方方地說："吾昔聞之夫子曰：'樂天知命故不憂'，回所以樂也。"用現代漢語說是這樣：啊，過去我就聽到過老師的教誨：對天下的人與事知其然也之所以然，對未來有自信就不會憂。所以我就不憂。接著，顏回又背誦一句孔老師的話："汝徒知樂天知命之無憂，未知樂天知命之有大憂也。"孔老師聽完，笑了。對顏回說：你如果只考慮自身的生活、學業、未來，雖然要憂，但這種小憂，解決起來並不難；但要解決天下疾苦、國計民生的大憂，就沒那麼容易了。

孔子之憂是天下之憂，所以，半部《論語》治天下。

想起這段故事時，我好像真的偷聽了孔老師給學生的講課。

我理解的"知命"是：自己必須要走的路，是一條關係眾人靈與肉的路，一定存在著"憂"。所以，一邊希望無憂，一邊為憂而憂。

突然就想起，維特根斯坦五十二歲時，他說："像個騎自行車的人，為了不倒下我不停地踩著踏板向前。"

我不想治天下，也不想倒下，只想平平安安地工作到退休。

101

全世界都知道猶太人聰明，但大多數人只看到猶太人的成就，並不暸解猶太人的教育。一次讀閒文，看到一則猶太人的老師給學生上課的故事，這個故事一直縈繞腦際。我曾做過老師這個職業，我多次責問自己：我會這樣上課嗎？我誤人子弟了嗎？

大家都在感嘆：沒有好的教育，怎麼會有聰明的後代。可是，好的教育是什麼？

故事是這樣的。

在猶太人的一個重要節日裡，正上課的老師走出課堂一會兒，去辦點兒事，並交代學生自己讀書。老師回來時，發現學生們不是在讀書，而是圍在一起下棋。學生們很驚悚，沒想到老師這麼快就回來了，心想一定會遭到嚴厲批評。可是，老師並沒有批評他們，反而走過來和他們一起下棋，並溫和地問：你們誰能告訴我下棋的規則？學生們愣愣地看著老師，老師就拿著棋子給學生們一邊演示一邊說（當然是猶太人自己的棋）："第一，你必須一步一步走，每步只能走一格，這需要你有耐心。第二，你只能往前走，不能往後退，走錯一步就要付出代價，這需要你有勇氣。第三，只有走過中線，你才可以前行，可以後退，可以左移，可以右挪，可以一步走一格，也可以一步跨兩格，這表明，要得到自由，是有條件的……"實物施教，用學生們的興趣施教。這大概就是：寓教於樂吧。

這位老師是講下棋嗎？看來棋如人生，是放之四海而皆準的。

我們的老師會下棋嗎？我們的老師看到學生們在課堂上下棋，會和學生們如此這般地下棋嗎？我們的課堂會和人生規則有關聯嗎？

我問的是自己。

102

　　我曾說過："寫詩就是為了找知音。"我想再通俗一點說："寫詩是為了一次相遇。"

　　一個詩人為什麼寫詩，可能會有許多答案。高大上的，嬉皮士的，正襟危坐的，俗世快樂的，嚴謹刻薄的，等等繁多的、繚亂的回答。我覺得：一個人寫詩，很可能是給一個遙遠的、模糊的、似有似無的，或根本不存在的人寫的。那個遙遠、模糊或不存在的人，可能就是詩人要尋找的知音。

　　詩人是孩子，渴望被愛。

　　詩人寫詩時，那個遙遠、模糊的人，已在詩人心裡存在。可能不具體，可能只存在於幻象、聯想之中，但那個人是原動力，是激情釋放的突破口，是撒嬌的對象。

　　羅蘭・巴特在《小說的準備》中說："我寫作是為了被愛；被某個人、某個遙遠的人所愛。"羅蘭・巴特應該是詩人，當然，羅蘭・巴特就是詩人。

　　每一首詩，都是詩人心事的文字表現。有些心事是清晰、明朗的，有些心事是混沌、模糊的。所以，詩歌就不可能首首明朗或模糊。讀懂一首詩的明朗或模糊的人，能看到詩歌背後詩人心事的人，就是這首詩的知音，就是在熱愛這個寫詩的人。當然，我不反對誤讀，許多大作品都是被誤讀出來的。

一首詩，如空中飄下的雨絲，有人會覺得纏綿，有人會覺得淒冷，這纏綿和淒冷已經和雨絲沒什麼關係了。但是，雨從天而降時，一定希望落到一個有溫度的身體上。雨就是水，打濕的是你的心事。

讀懂一首詩，就是和寫詩的人交流了心事，可能還會交換心底的秘密。

103

詩人的寫作目的不外乎是呈露個人的詞語魔力與審美經驗等，而這些寫作目的，是通過讀者的閱讀來完成的。同樣，詩歌的美學目的，更是要通過讀者的閱讀來實現。這個目的，就是要給讀者帶來—愉悅。

詩歌給讀者提供的愉悅材料是複雜的，是詩人喜怒哀樂的混合物。詩人既希望讀者能夠敏銳地識破詩人語言的智謀，又渴望讀者能從詩人的作品中認識"詩人是誰"、"詩人心中的世界是什麼樣的”。也就是說，讀者從詩歌中獲得的愉悅多少、深淺，可能是判斷一首詩的藝術品質或社會價值功能幾何的標準。換句話說，詩歌的美學目的能完成多少，是受到讀者群體審美判斷和價值衡量制約的。

我們想說的是，我們給讀者朋友們提供的詩歌，是藝術品；是可以給朋友們帶來愉悅的藝術品。這些藝術品，是飽含人類所有情感的詩人的勞動與創造。

詩人寫作是情感釋放的藝術通道，閱讀也是。中國詩歌的美學傳統，從《詩經》開始，就是“立象以盡意”。

詩人的寫作大抵是不會離開“立象以盡意”這個具有核心意義的審美指標的。但是，詩人不過是個體勞動者，個體勞動的作品必然是各具特色的。而正是這種異態紛呈，才使得詩歌多姿多彩，才使得詩歌作品充滿魅惑。這個魅惑，是詩人寫作的動力，更是讀者閱讀的動力。

寫詩和讀詩，都是為了獲得愉悅。艾青先生說：“詩人永遠是十八。”十八歲是什麼樣？心靈自由，性格率真，想像力豐富，創造性強，對未來充滿自信。

北宋人程顥寫過一首《春日偶成》，這裡不妨拿來別做一用，詩曰：“雲淡風輕近午天，傍

花隨柳過前川；時人不識餘心樂，將謂偷閒學少
年。”這個“偷閒”，應該是對自己的忠實，對
生活的忠實。我們也可以理解為是對詩歌的忠
實。一個“偷”字，是何等愉悅啊！那是在寫
詩，或是在讀詩。

104

　　去廣東新興縣採風，到國恩寺，那是六祖慧
能出家的寺院。

　　進了寺院，當地接待我們的朋友，請寺院裡
的住持給我們講講六祖慧能的成長史。先講慧能
是第一個把印度佛教改良成有中國特色的佛教大
師，接著講了慧能怎樣艱難曲折成為大師的故
事。這住持和尚地方口音很重，我沒完全聽清
楚，但大意我是聽懂了。

　　慧能聰慧過人，悟性極高，勤勞善良，有經
天緯地之襟懷。但五祖法師卻讓他去後院做劈
柴、淘米、掃院等雜務，不讓他來聽經（很像孫
悟空的學藝路徑）。讓他臥薪嘗膽、韜光養晦、
裝傻充愣。為啥，怕遭他人嫉妒並加害。直到五
祖法師想讓弟子們寫一佛門偈語，一直想做六祖
的神秀和尚大張旗鼓地寫了“身是菩提樹，心如

明鏡檯。時時勤拂拭，勿使惹塵埃"。

在神秀和尚心得意滿時，五祖法師卻不滿意，對神秀和尚說："汝作此偈，未見本性，只到門外，未入門內。"這個批語，等於否了神秀和尚繼承六祖的可能。慧能終於綳不住了，寫了："菩提本無樹，明鏡亦非台。本來無一物，何處惹塵埃。"五祖滿意了，欲傳六祖位于慧能。

神秀和尚急了，怒火中燒了，無惡不作了，誓要除去慧能。慧能只有脫僧袍換俗裝，躲獵戶家裡避難，才逃脫神秀的追殺。多年後，慧能才出山到韶關登蓮座講經佈道。看看，俗世間為爭一重要位置殺父母弒兄弟的事，在佛門依然存在。俗世的鬥爭都是政治鬥爭。

這個故事告訴我，佛本來是肉眼凡胎父精母血的人。人能做出的事，佛家子弟也會做。只有看透了"本來無一物，何處惹塵埃"者，才能成佛。

我等輩活在俗世，爭來鬥去，搶來奪去，有幾個能悟透"本來無一物"的？悟不透，必然會惹塵埃。

阿彌陀佛。我能成佛否。

105

　　斯洛文尼亞詩人托馬斯・薩拉蒙去世的消息傳來的時候，我也拿到了《詩刊》編輯趙四翻譯的《薩拉蒙詩選》。過去曾零散地讀過一些薩拉蒙的詩，印象不深。只覺得薩拉蒙是一位很注重意趣的詩人，在東歐有著很重要的地位。當薩拉蒙離開我們時，知道再也讀不到他的新作了，才開始重視手中的這本《薩拉蒙詩選》。我問自己：為什麼其人已去才想起細讀？這很像中國的一句土諺：活著不孝，死了亂叫。

　　用兩天的時間把《薩拉蒙詩選》讀完，對這位東歐詩人有了一個基本完整的印象，也修正了過去對薩拉蒙粗淺的認識。薩拉蒙是一位追求凸顯個性的詩人，他的詩有許多即興的成分、超現實的成分，部分寫人與環境關係的作品卻有著中庸的成分。一個出色的詩人，本來就是由複雜經驗構成的，每一首詩的創作，都是對複雜經驗的梳理、整合後，根據情、景、境來具體處理的。

　　有一節詩，被我抄到了筆記本上：

　　天堂裡沒有性，我感覺不到手，
　　但是所有事物和生命完美合流

它們奔突離散，職位變得甚至更為一體。
色彩蒸發，一切聲響都像是眼中的海綿。

現在我知道，有時我是雄雞，有時又是牝鹿。
我知道有子彈留在了我體內，它們正在瓦解消散。
我呼吸，多麼美好。
我感覺自己正被熨燙，但全然沒有灼傷。

　　　　　　　　—— 薩拉蒙《紅色花朵》

　　我抄這節詩，完全是因為在閱讀時與自己的心境相契合，而不是認為這是薩拉蒙詩中最出色的一首。

　　對一首詩的喜歡，像熱愛一個人，與年齡、長相、學識、地位、財富無關。能與自己的心氣相通，與心境契合就好。為其他附著的條件去喜歡，都不是愛。

　　詩是用詞語構成的，但我讀不到薩拉蒙的詞語。我讀到的是翻譯趙四提供的漢語。我不想糾結詩可譯不可譯的問題，只想說：譯詩不可以去本土化。

　　我的小女兒在四川長大，吃慣了川菜，饞了，就時常在北京到處找川菜吃。但吃過後，都覺得不正宗、不過癮。她問為什麼？我說：川菜到北京，就必須有北京特色，讓北京人接受，才會有市場。這就叫：本土化。於是，她饞得實在無奈了，就跑回四川去吃幾天。

我們讀的譯詩是漢語的，為了讓更多讀者讀出譯詩之好，就要尊重漢語的習慣。語言句式的結構、用詞是漢語的，有些抒情手段也是漢語的。但不能完全去掉原創的原滋原味而成本土作品。當年，有好事者把波德萊爾的《惡之花》譯成五言押韻的類格律詩，結果是：我們既看不到波德萊爾，也讀到好詩。

負責任地說，趙四譯的《薩拉蒙詩選》是很好的。所謂好就是：在譯成漢語的詩歌背後我看到了薩拉蒙的形象，感受到了薩拉蒙的美學追求，甚至能看到他說話時的口型與語速。

翻譯作品，就是土洋結合的產物。譯作，一定要有翻譯家的再創作。

曾經有一段時間，我國有一批詩人的作品被譽為“翻譯體”。就是一些人讀了太多的譯作，並儘量讓自己的作品習洋去土。甚至想，最好能寫得直接是譯作。寫作時，從結構到用詞都模仿“洋話”，結果只是外在的建築像“洋”體，而內核不土不洋混亂不堪。不管是喝羊奶長大的，還是喝本土奶長大的，只要說中國話，就得尊重中國話的習慣，否則就是瘋人囈語、痴人說夢。

讀者對新鮮事物的接受、辨析能力是很快的，靠披洋旗做虎皮是矇混不了幾天的。失去讀者，作品也就失去了生命力。好在現在這種現象近乎絕跡。

嗨，說薩拉蒙，咋把話題扯出這麼遠。

106

因要隨中國作協組織的作家團去塞爾維亞和克羅地亞訪問，而且主要是詩歌交流，我就覺得該備備課了。當代的塞爾維亞詩人我知之甚少。記得有一年在"青海湖國際詩歌節"上看到過一位塞爾維亞詩人，叫什麼名字也忘了。臨行時，我們在作協集合，我問誰知道塞爾維亞的詩人，作協外聯部的處長吳欣蔚告訴我一串名字，並說她譯過一本塞爾維亞詩人德拉根·德拉格伊洛維奇的詩集叫《紅山之鳥》。我一下放心了，有詩集譯本，就不愁交流了。但同時我也自責，對東歐詩人瞭解得太少了，平時咋就沒多留心讀讀呢。

這本詩集譯本不厚。上了飛機，坐定，就開始閱讀。這本詩集，同樣是很好的譯本。我認真地讀，並邊讀邊想，到了塞爾維亞該怎樣交流。真是急用現讀，有現買現賣之嫌。不過，我對詩歌的閱讀一向很自信。在這本《紅山之鳥》中，我還是找到了與當代漢語新詩的相同與差異。當然是詩人生存狀態與文本之間的相同與差異。

《紅山之鳥》的扉頁上有作者照片，我仔細看，似乎回憶出在青海見到他的樣子。

這位叫德拉根的塞爾維亞詩人很智慧，真性情，詩歌的內容也很豐富，略顯理性，是一位追求意義的詩人。同時，我也看到他的生活環境與我國詩人的生活環境大致相同。當然了，我所看到的語言是翻譯吳欣蔚根據原意重新組織的現代漢語。

他的兩首詩，我很感興趣，與中國當代的優秀詩歌沒什麼差異。我拿出筆記本就抄錄下來：

保守秘密

讓我們自由地邁向未來，
但要保守秘密。

不是美好的幻想，
也不是殘酷的言語。
沒有什麼可以拭去就在唇邊的名字。

那未寫完的書想要向這個世界昭示什麼？
被遺忘的快樂是怎樣的偉大？

不管希望如何飄渺，

總勝過沒有回頭路，
深邃是一首未完成的詩所用去的時間。

如果不註明這是塞爾維亞詩人德拉根寫的，我一定相信是當代中國詩人寫的。我也當然地相信翻譯吳欣蔚是忠實原意而直譯到漢語來的。

這首詩對我的觸動很大，豐富、靈動、通透，生命的狀態、情感的堅韌都表現得幾近完美，是我想寫卻一直沒寫出來的詩。我的思緒隨著飛機搖搖晃晃，心裡也在想一個名字、一個秘密、一首詩。

就這一首詩，我已準備好了與德拉根先生的交流話題。

還有一首很短的詩，也被我抄錄到筆記本上。

我的傷逝

我的傷逝廣泛而警惕地存在著，
那無法掌握的秘密
囚禁於朦朧清晨裡的露珠中。
我愕然佇立在那扇從未開啓的門旁。

上帝，當您讓我墮入此途，
難道這就是您賜予我的一切？

這首詩，雖然稍嫌理性，但留下的可闡釋空

間是非常大的。我抄錄完，心裡已經升起敬意。

　　到塞爾維亞首都貝爾格萊德後，我們團的第一站，就是去伊沃·安德里奇基金會。安德里奇是前南斯拉夫作家，1961 年曾獲得諾貝爾文學獎。安德里奇沒有後人，去世前就設立了這個基金會。現在這個基金會負責處理安德里奇的版權等事宜。這個基金會的負責人就是詩人德拉根·德拉格伊洛維奇。

　　德拉根很高興地接待我們。我們坐下來後寒暄了一些客氣話，然後他就以一個安德里奇基金會負責人的口吻和我們談安德里奇版權的出售和翻譯的情況，還提到了中國的一家出版社翻譯出版了安德里奇的作品，也沒和他們簽過約，純屬盜版，並委託我們的團長閻晶明先生幫著查查。並說：稿費不要了，樣書送來就行。

　　沒有談詩歌。他只說了這次中國詩人來交流的詩作是他譯成塞爾維亞文的。我們去之前，先把詩作譯成英語，他再從英語譯成塞語。我不知道，一首漢語詩歌轉譯兩次後會成為什麼樣子。嗨，反正什麼樣子也得接受。最後，他委託我們代問他在中國認識的兩位朋友好，這兩位是吉狄馬加和吳欣蔚。

　　第二天，我們到塞爾維亞作協開詩歌朗誦會，我讀的是漢語，塞爾維亞國家作協主席讀我

的詩歌，用的就是德拉根翻譯的塞語。我聽翻譯
說，德拉根先生把我的詩譯得不錯。台下坐著的
聽眾的眼神和掌聲給了我一定的信心，但我知道
有禮貌的成分，也有詩歌朗誦的效果。

期待和德拉根先生交流詩歌，因行程安排得
很緊，終於沒能實現。好在我們都互相讀了作
品，也算有了單邊交流。

沒見到德拉根先生之前，我用他的詩歌來猜
測他的形象，見面後，我在猜想他是在什麼時間
和狀態下寫的詩歌。我的結論是，用詩歌來給詩
人畫像，差異一定是很大的。

和德拉根先生見了兩次面，說過的幾句話大
多是寒暄。他的面容可能我很快就會忘記，他的
詩歌我會永遠記得。

107

隨中國作家代表團去塞爾維亞和克羅地亞進
行文學交流，我並不興奮。因為我對那一帶地區
的文學狀況知之甚少，沒讀過幾個前南斯拉夫的
作家詩人的作品。互不知彼，如何交流。但這是
一次以詩歌為主的文學活動，我又沒有推卻的充
足理由，就答應了。

　　6 日，北京的午夜起飛，到土耳其首都伊斯坦布爾機場轉機才能到達塞爾維亞首都貝爾格萊德。北京到貝爾格萊德竟沒有直飛？我問：為什麼？有說貝爾格萊德機場小的，有說航線有問題的。我覺得這些原因都站不住腳，一定有我們百姓所不知道的秘密。到貝爾格萊德是當地時間上午十點，依然是 6 號的十點。有七個小時被地球的自傳公轉給吞噬了。也好，我們消耗了兩個6號。

　　貝爾格萊德國際機場和北京長途汽車站的規模設施差不多。

　　出機場，我們來到一家咖啡廳打尖休息。這家咖啡廳門框上有一個標牌，上面印著大紅色的"？"。一問才知道這家咖啡廳就叫"？"。這個名字很有意思，"？"。我們對這個名字都很感興趣，問翻譯烏拉迪米爾。烏拉迪米爾是個小夥子，在中國語言大學學習過一年，漢語很好，和我們交流沒有絲毫的障礙。他說：這家咖啡廳已有兩百多年的歷史，他的對面就是東正教最大的教堂聖薩瓦教堂，側後面是前南斯拉夫公國的王宮，這家咖啡廳開張時就不知道該起個什麼名字，不知是誰說，就叫"？"吧，於是這家"？"咖啡廳就誕生了。

　　我一邊喝著咖啡，一邊向窗外張望。天是陰鬱的，街上很少行人。偶爾走來幾個人也是低著頭不緊不慢地踱步，讓我們既看到他們的悠閒，也看到他們對生活的態度。東歐人的閒散，我是有過耳聞的，今日一見，果然如是。

我又開始琢磨這家咖啡廳的"？"了，問什麼，問誰？咖啡廳的門很低，進來出去都要低頭，都要把自己的腰身彎成問號。因為我們預定的酒店要下午才能入住，所以，這個上午就得泡在這家"？"裡。我拿出筆和本，開始用詩的形式記錄此時對"？"的感受。雖然有點酸，但也是習慣。

？

這個符號藏有秘密
用左眼看是淋漓的鮮血
右眼看是滾燙的吻

這是一家有兩百多年歷史的咖啡館的名字
咖啡館只有三十平米
它正面對著貝爾格萊德最大的東正教堂
背面是 16 世紀南斯拉夫公國的王宮

幾經戰火和多少代王權更替
教堂無損王宮無損咖啡館也無損
咖啡館弱小
問號卻穿透了時空

咖啡館的門楣很低
出出進進的人
都要把自己彎成問號
問著進去問著出來

什麼人起的名字
把人的生活狀態做了咖啡館的招牌
葡萄酒和咖啡不能把問號拉直
王宮和教堂呢

我在這家咖啡館裡
只喝了一杯咖啡
問號就在心裡動起來

　　詩寫完，合上筆記本，大家就去酒店了。路過一座橋，翻譯說：“下面是薩瓦河，下游不遠，薩瓦河就與多瑙河匯合了，薩瓦河就在貝爾格萊德結束了。”我們大家對薩瓦河知道得不多，對多瑙河的記憶多來自電影。但在電影裡看到的多瑙河不是貝爾格萊德這一段。前南斯拉夫的電影看過兩部，《瓦爾特保衛薩拉熱窩》和《橋》。那是少年的記憶。《橋》的主題歌：“啊，朋友再見”，在中國流行了十幾年。

　　貝爾格萊德這座城市不大，規模、占地、建築都無法和中國的中等城市比。很快我們就到了酒店。

　　塞爾維亞之旅，就算正式開始。

108

　　我們入住的酒店，名字叫 "zira"，據說很像英語中 "零" 的發音。酒店的斜對面是一座花園似的處所。我問翻譯，那是什麼所在？烏拉迪米爾說：那是一座公墓。哦！住在零裡，對面50米就是公墓，這是生與死的距離？我又開始冒酸水了。進房間稍加整肅，就出發公幹。在汽車上我拿出筆記本，草草寫下幾行字。

距　離

住進貝爾格萊德的賓館
賓館的名字叫 "zira"
據說很像英語中的 "零"

我們住在 "零" 裡？
我不斷地翻檢讀過的哲學句子

賓館的斜對面

有一座綠樹花草掩映的花園
我問翻譯：那是什麼地方？
翻譯說：那是一座公墓
並補充說：距賓館 50 米

50 米！
是隱喻還是規定
是生與死的距離
還是零到墓地的距離

109

　　塞爾維亞曾是土耳其的佔領地，卡拉梅格丹城堡是塞爾維亞最古老的城堡，也是貝爾格萊德這座城市的起始城，城堡現在還保留著原貌，比如還有伊斯坦布爾門等。城堡的修補痕跡就是歷史的痕跡。站在城堡的另一端，就看到了薩瓦河與多瑙河的匯合。一條河流結束使命，另一條河流壯大起來，河流在活生生地演說人類歷史的進程。

　　卡拉梅格丹城堡的外面是個很大的廣場，綠樹掩映，矗立許多雕像。我問烏拉迪米爾，這都是誰的雕像？烏拉說：這裡就詩人廣場，這些雕像都是過去的詩人、作家，有些詩人、作家活著時並不是很有名氣，也未必有什麼成就，但當他們去世後，人民還是要給他塑個雕像。我愣了一下，接著就對這些雕像送去崇敬的目光，對這個民族致以崇高的敬禮。當然，也有慨嘆。

塞爾維亞全國僅有八萬多平方公里，貝爾格萊德占地三百多平方公里，這個詩人廣場占地兩平方公里多。這個國家、這個民族對詩人和作家的熱愛、尊重就不必多說了吧。

詩人廣場邊有一家咖啡館，我踱了進去，屋裡有一個很大的書架，書、報、刊都有，而我此時是目不識丁的。有兩個年輕人拿著一本書在討論著什麼，我稍走近一點，看到他們拿著的應該是一本詩集。我無法告訴他們，我也是一位詩人，我也想參與他們的討論。他們也發現我在看他們，他們的眼中也認不出我是詩人，並且眼中充滿警惕。為了不讓他們捂著錢包奔跑或不讓他們報警，我自覺地走了出來。如果他們是詩人，也只能是相逢不相識啊！

天空下著小雨，鴿子和麻雀在我們的面前悠閒地走來走去。據說麻雀是貝爾格萊德的市鳥，還做過一次大型國際運動會的吉祥物。哦，麻雀，適應環境的能力強，生命力旺盛，繁殖能力強。

應該向麻雀學習，我說的是詩人。

110

一個小兄弟送我一本《悔晚齋臆語》，是大學者陳傳席寫的。兄弟送我書時說：你不是寫《三餘堂散記》嗎，看看這個。贈送書籍，是文人間的傳統雅事。但我當時想，一定是我寫得太爛，兄弟看不下去了，讓我讀讀這本書來望而生畏。我當然要認真地讀。不過，讀了再好的書，也不會打擊我寫東西的熱情。世界本來就是一個多音部組合的交響，或者說句俗話：大狗叫小狗叫，各叫各的調，越叫越熱鬧。我就是那個湊熱鬧的。唱美聲的歌手不必嫌唱山歌的農民土，唱山歌的農民也不必說唱美聲的是鬼哭狼嚎。

陳傳席先生是個有著獨立個性的美學家，其在中國美術史方面的研究頗受業內尊重，閒時也涉足文學類，如小說、散文等。這本《悔晚齋臆語》的扉頁上，陳先生寫下這樣幾句話，我認為可做作所有想著述立說者之座右銘，或為之戒：“臆語者，主觀臆斷之語也，然非順世迎俗、俯仰時好之語也。”當下，“主觀臆斷”者多，不“俯仰時好”者鮮。

　　這本《悔晚齋臆語》裡的文章都很短，三言兩語點到為止，決不多發議論，給讀者留下的闡釋空間很大。陳先生在序文中說：“不誇飾矯誣，不欺世佞人，務當有補於世事、人心，如是而已。”

　　陳先生書中有一篇小文，叫《大商人、大文人、大英雄、大流氓》，全文不到一百字，前四句分行。我抄錄於此：

　　大商人必無商人氣，
　　大文人必無文人氣。
　　大英雄必有流氓氣，
　　大流氓必有英雄氣。

　　這四句話真是大實在，大哲學，是從底層經驗生成的美學結論。讀一遍，一些人映入腦海；讀一遍，一些事件在眼前浮現。這就是大學問家寫的東西，簡單、質樸、清新、親切。誰讀了也不會消化不良。

　　舉陳先生這四句話的例子，說這些感慨的話，是因為讀過太多需查辭典、翻資料、對原文等等還是覺得消化不良的美學理論。

111

　　有一陣子，全民爭看並紛紛評議中央電視台播放的《舌尖上的中國》，因受好評，劇組又續拍了《舌尖2》，據說《舌尖3》也製作完成待播。這是介紹中國美食的節目，我也看了幾集，確實不錯，真是表現出我們這個文明古國在源遠流長的歷史長河裡，吃是重要的支流。但同時，這個紀錄片也是培養吃貨的節目。我反正是一邊看一邊垂涎三尺。

　　吃貨，未必是貶義。講究吃，也是生活理想之一，是美學範疇的一部分。其他領域的不說，僅作家、詩人圈裡善吃會吃愛吃者也比比皆是，且古來有之。

　　西晉時就有一位詩人因善吃保住了一條命，此人名曰：張翰。張翰以家鄉的美食為榮，處處宣講，並誕生了一條成語：“鱸蓴之思”。

　　說句實話，魏晉時期確實是中國文化大發展、大繁華的時期，堪與春秋“百家爭鳴”時有一拼。不過，那時的許多作品，我並不喜歡。雖瀟灑倜儻、放蕩不羈是可取的，但炫彩、艷麗、奢靡者多。那時期的“大賦”眾多，可“洛陽紙貴”，可成戰鬥檄文，可為求愛法寶，亦可置換黃金，不一而足，此處就不多贅言了。

我想說說張翰。

讀過李白的一句詩：「張翰黃金句，風流五百年。」李白說的「黃金句」，是張翰寫的《雜詩》之一。全詩如下：

> 暮春和氣應，白日照園林。
> 青條若總翠，黃花如散金。
> 嘉卉亮有觀，顧此難久耽。
> 延頸無良涂，頓足托幽深。
> 榮與壯俱去，賤與老相尋。
> 歡樂不照顏，慘愴發謳吟。
> 謳吟何嗟及，古人可慰心。

張翰的《雜詩》共三首，這是之一，也是最好的一首。他還寫過一些賦，估計讀過的人也不多，我讀了幾篇，也沒讀出什麼大好來。咱還說這首詩吧。「青條若總翠，黃花如散金」曾做過唐代科舉考試的試題，李白說他「風流五百年」，大概也有其詩句作為科考試題的因素。看來詩文進課本、進考場，是件風流的事。怪不得，許多作家，寫的不咋樣卻挖空心思要詩文進課本。於是就有人做起這個生意來，編教材，編不了正式的就起名「教輔」，甚至大名就叫《大學語文》，編這樣的教材就一個目的，騙錢！文章好壞且不論，只要你能拿錢來。這樣的"教材"，我家裡就有一本，是一個朋友送我的，說：《大學語文》教材收了他的詩文云云。聽到這些，我確實跌了眼鏡，併為學這些課文的孩子們擔憂。嗨，閒話少說，接著聊張翰。我曾看過幾篇解讀張翰這首詩的文章，把句中"黃花"說成是菊花，並賦予許多高大上的寓意。我就很納悶，這些解讀者沒讀全詩嗎？咋能解讀成菊花？首句便有"暮春"的時令指示，明明說的是油菜花呀！哦，菊花比油菜花高大上！評論家在文本解讀時的無中生有能力，我真是佩服得五體投地。古人這樣，今人亦如是。

　　這也是扯閒篇兒，我要說的是吃貨張翰。

　　西晉統一全國後，司馬炎為了更好地維護統治，大批引進江南名士，也就是原來的吳人。使首都洛陽真正成為政治、軍事、經濟、文化的中心，一時各路英雄、八方豪傑紛紛到洛陽來顯神通。張翰也在其中，但他是詩人，投奔剛消滅了自己國家的晉朝首都洛陽，還是要表現出一些矜持的。《晉史》有如下描述："會稽賀循赴命入洛，經吳閶門，於船中彈琴。翰初不相識，乃就循言譚，便大相欽悅。問循，知其入洛，翰曰：'吾亦有事北京。'便同載而去，而不告家人。"看看，多體面！北京有事，咱順路，搭載而來。

　　張翰本是奔著統一了三國紛爭的司馬炎這位英雄來的，可他到洛陽不久，司馬炎就死了。司馬冏當上了晉朝的皇帝，把張翰封為東曹椽，也就是貼身秘書之一。這是不大不小的官兒，但權力肯定不小，是真正的"秘書幫"成員。可這時，張翰已經看到了晉朝的腐敗，猜想晉朝的末日也不遠了，想回江南去。辭官而去，沒有充足的理由是要殺頭的。張翰是蘇州人，此地人多善美食。於是，張翰說：想回老家看看，想吃菰菜、蓴羹、鱸魚膾這"吳中三味"了。這顯然是託詞，就是不想在晉朝做官了。不過，我覺得，想吃家鄉的美食，也是很強大的理由。估計司馬冏也和我想得一樣，就同意他回江南了。

　　民以食為天，天有多大，吃的力量就有多大，這是較為積極的說法，消極的說法是：人生在世，吃喝二字。看看，活著不就是為了一口飯食嘛。當然，在政治家甚至哲學家的眼裡，吃飯是為了保證完成心中的理想。蘇格拉底就說："吃飯是為了活著，但活著絕不是為了吃飯。"道理是誰都懂得的，但吃不好就睡不香，就心思紊亂，何事可為呢？

　　張翰用想吃家鄉美食的理由逃離了政治權力

中心，獲得了自由，甚至可以猜想，是獲得了生命。留在洛陽的那些人之結局已經證明了這一猜測的正確性。《晉書》載，張翰離開洛陽前對留在洛陽的好友同鄉顧榮說："天下紛紛，禍難未已。夫有四海之名者，求退良難。吾本山林中人，無望於時，子善以明防前，以智慮後。"不消多言，通過這幾句話，便知張翰善美食是真，借"鱸蓴之思"逃逸是真，吃貨是假。

張翰是個好詩人，能被李白說"風流五百年"，不只是因為他寫了那首詩，也不是詩句被選做科考試題，而是說他懂得怎樣遠離權力中心。那些恨不得把腦袋削個尖兒往權力堆兒裡鑽的詩人，寫出什麼樣的作品，大概也難"風流五百年"。

112

五年前，我率一個作家團到浙江舟山參加當地的一個民俗活動。我們在採風時，我問當地一位陪同的官員：懸礐島在哪兒？現在做什麼？他眨了幾眨眼睛說：那裡沒什麼呀，就是個小漁村吧。我默聲了，也沒往下問。

兩年前，我到寧波的鄞州區參加一個會議，

當地的一位朋友向我介紹鄞州的歷史名人，介紹一大串名字後，我問：張煌言在這裡還有故居嗎？他愣了半天，說：張煌言是幹嘛的？我們鄞州人嗎？我又啞言了。

在中國的歷史上，我最佩服的詩人之一就是張煌言。用現在的話說，他有點傻，不識時務。他誓死捍衛自己的立場，做了一件明知不可能成功而又堅韌不拔地去做的事，那就是反清復明。他堅持抗擊清軍二十餘年，大明朝早就煙消雲散了，他依然奮勇作戰，毅然決然。直至康熙三年，由於內部士卒出賣，才在懸嶴島被捉住。也就是說，明朝的最後一塊土地是懸嶴島。

張煌言的偶像是岳飛，他的詩《入武林》可為證。「國破家亡欲何之？西子湖頭有我師。日月雙懸于氏墓，乾坤半壁岳家祠。漸將赤手分三席，擬為丹心借一枝。他日素車東浙路，怒濤豈必屬鴟夷。」

張煌言，浙江鄞州人。字玄著，號蒼水。明崇禎時期的舉人。那時的舉人、秀才，首先是詩人。當然，如果張煌言不是有這等反清復明的壯舉，也可能我不會專門去找他的詩來讀。可是，讀過他的一些詩後，覺得他真是一個鐵骨錚錚的詩人。判斷一個詩人的好壞，除作品外，品行和堅貞是最重要的元素。詩人的骨子裡一定要有鐵，審美上要有鐵的立場，否則會趨炎附勢、奴

顏媚骨、卑躬屈膝。張煌言反清復明一方面要維
護民族自尊心，另一方面是詩人的擔當。詩人應
該負有時代的使命。

　　　　一劍橫磨近十霜，端然搔首看天狼。勛名
　　幾誤乘槎客，意氣全輕執戟郎。
　　　　圯上書傳失絳灌，隆中策定起高光。山河
　　縱破人猶在，試把興亡細較量。

　　　　　　　　　　　　　——《書　懷》

　　讀罷這首詩，能和岳飛、文天祥的詩分清
嗎？看來，英雄都有同樣的情懷。

　　清朝政府抓到張煌言後，真是如釋重負、夜
裡無夢、氣定神閒了。接著就覺得張煌言是個人
才，要勸其降清，並許以官職俸祿。張煌言冷笑
著說：哄小孩易，騙張蒼水難。這不僅是英雄主
義的氣節，也應該是詩人的氣節。

　　清政府最後在杭州的弼教坊將張煌言砍了
頭。民間盛傳，砍頭時，一把鋼刀還沒碰到張煌
言的脖子就自行斷成兩截。直待張煌言喊出：
「好河山，竟落得如此腥羶」後，才換了一把刀
行刑畢。

　　杭州的弼教坊，我沒去過。有幾次在杭州曾
想去看看，但是，我實在不願意把屠殺好詩人的

地方當風景來賞玩。

　　張煌言一生創作頗豐，多質樸悲壯，血淚相雜。後人整理的《張蒼水集》中，竟不見一首有脂粉氣的作品。我頓悟：詩人未必只用詩歌來柔腸軟語風花雪月談情說愛。

113

　　前一段時間，聽到街頭巷尾地議論，某界的某某及某界的某某大腕嫖娼被捉。後又有人說：那是有人設計好的美人計陷阱。是不是陷阱不重要，重要的是這些大腕自己咋能往裡跳呢？人行江湖，處處有陷阱，你不上當，設陷阱的人就枉費心機了。還有，有人為你設計陷阱，一定是看到了你的弱點，判定你會跳進去。所以，在江湖行走，別把自己的弱項暴露得太多。

　　《增廣賢文》上說：逢人且說三分話，未可全拋一片心。就是教導那些行走江湖並控制不住自己的人。

　　一個朋友的孩子來找我，說自己沒有社會經驗，讓我推薦幾本書給他看。我說：我先推薦你一本教人學油滑的書，叫《增廣賢文》。後來，據說這孩子每天都把這本小冊子放在書包裡，隨時地看。我倒是有些擔心這孩子別學得太油滑了，而失去真摯和真氣兒。

不說孩子與《增廣賢文》，咱還接著說說陷阱。

在五代十國時，有一位詩人叫陶谷。其人曾在當時北方的後周供職。此人學問不大，記憶力好，許多名篇大作可以張嘴就誦。於是，被當時的官府和百姓認作是才子。一個人有沒有真才實學，不是嘴上的功夫如何，要用他的為人處事、筆下文章及他身邊的朋友，來檢驗定奪。

先看他的一首《七律》：

　　是個碑文唸得全，聰明靈性自天然。離吳別楚三千里，入洛游梁二十年。

　　負藝已聞喧世界，高眠長見臥雲煙。相逢與我情何厚，問佛方知宿有緣。

這首詩除去韻律這裡不談，就內容也過於表面化了，是華而不實的，虛張聲勢的。而這首詩，恰是陶谷先生很得意的一首。我們的先人對詩文的判斷是"文如其人"，我認為是可放之四海來用的。

陶谷的笑話，也是被捉了一次嫖娼，當然也是落入陷阱。而設計陷阱的是另一位詩人，是寫"問君能有幾多愁"的李煜。

後周欲與南唐聯盟結好，派陶谷做外交大臣。在歷史上，出任外交官的大多是詩人。陶谷到了南唐，自恃才高，傲慢南唐。李煜看不下去了，一方面李煜也自覺才高，另一方面也是外交手段，把陶谷安排驛館住下就不理睬了，不安排會見，曬著他。這一曬就是兩三個月，並派人去後周打探陶谷有啥弱項，探風者回稟：陶谷好色。李煜等會心一笑：有這嗜好就容易處理了。然後就找來一個能唱會說的妓女秦弱蘭，扮成服務員到驛館去工作。陶谷來公幹，卻被曬在驛館無所事事，正百無聊賴之際，看到了服務員秦弱蘭，於是動了春心，接近、搭訕、甜言蜜語地誇讚等等一系列所有好色者常用的招數，秦弱蘭做出靦腆、害羞、尊重、熱愛等一系列表情。秦弱蘭是職業陷阱誘導員，陶谷是無法識破的，於是遂成好事。高山流水，芳草萋萋，玉體纏繞，顛鸞倒鳳，帳擺流蘇，被掀紅浪（此處我也刪去若干字吧）。按說你陶谷嫖了就嫖了，提上褲子，還給秦弱蘭寫了首詩。但凡淺薄之人，都是到哪兒都主動要求題字寫詩的，這樣的人俯拾即是。這首詩名叫《好風光》，全詩如下：

> 好姻緣，惡姻緣，
> 只得郵亭一夜眠，別神仙。
> 琵琶撥盡相思調，知音少。
> 待得鸞膠續斷弦，是何年？

　　酸吧？僅"一夜眠"就想"琵琶撥盡"還要"續斷弦"，哦，吃了這口想下一口！這首詩被秦弱蘭拿回南唐政府，李煜等人給譜上曲，然後，召見陶谷：陶先生，您來這麼久了，一是我們忙得沒時間會談，二是也讓您有多一點時間領略我們南唐的風土人情，現在我們可以會談了。陶谷整整衣衫就跟著差人上了南唐政府的大殿。賓主坐定，上酒，歌舞。一群衣袂翩翩的美女載歌載舞地上了大殿，陶谷定睛一看，傻了，領舞領唱的是秦弱蘭。唱的啥？就是陶谷為秦弱蘭寫的《好風光》。陶谷當時真是上天無路、入地無門啊！心慌、出汗、哆嗦、面紅耳赤是肯定的了，尿沒尿褲子還無從查考。

　　不是李煜等人太狠，是陶谷太不自重。外交官咋能沒談正事就在別人的地盤裡露出自己的弱項呢？再說，你陶谷一個大詩人大才子大外交官哪能和一個服務員扯這事呢？如果秦弱蘭是當時南唐的影視明星或播音員主持人還說得過去。凡事還要講究階層對等吧。

　　所以，陶谷出了大醜，是外交官和詩人中的敗類。

　　唐伯虎曾作一張《陶谷贈詞圖》的畫並題詩譏諷過陶谷：

一宿姻緣逆旅中，短詞聊以識泥鴻。
當時我作陶承旨，何必尊前面發紅。

　　不想再說陶谷了，死去的人也不想說了，那我說誰合適呢？你看了這篇小文，去對號入座吧！

114

　　我曾說過，我不喜歡"建安文學"時期的文章（詩歌大部分是可讀的），但我肯定"建安文學"對中國文學發展做出的巨大貢獻。"建安文學"上承秦漢下啟唐宋，或者說：沒有"建安文學"的喧鬧、喧嘩、絢麗、炫彩，就沒有"唐詩宋詞"的健康、蓬勃。
　　"建安文學"的代表人物就是"建安七子"。
　　"建安七子"雖然同處一個時期，可人品、文品差異很大。所以，"建安七子"不是我們前一時期的一些幫派，不是在一個什麼主張、主義之下的命題寫作群。曹家父子三人都各不相同，何況其他。"建安七子"中，我最不喜歡的是陳琳。當然，我喜歡不喜歡，陳琳也是"建安七子"之一。不喜歡陳琳，是因為他沒骨氣，無節操，不忠誠，幹了太多辱沒斯文的勾當。所以，陳琳的文章我讀得最少。對陳琳感興趣，是上中學時偷看《三國演義》時，讀到他寫的檄文《為袁紹檄豫州文》，當時好奇的是曹操正頭風病發作，讀了此文竟渾身冒汗，頭腦立刻清醒，病魔遠去，"翕然而起，頭風頓愈"，真可謂美文勝良藥啊。大家都知道這是一篇痛罵曹操的文章。我當時覺得曹操很怪，讀了罵自己的文章不但不憤怒還興奮了。現在覺得曹操真是大文學家、大政治家，懂得敵人是用來激發自己鬥志的。只有文學家才能欣賞一篇罵自己的好文章，只有政治家才能忍一時之辱而圖未來之治。後來，曹操打贏了戰爭，還把陳琳收在帳下，我特不理解。曹操咋不殺陳琳呢？現在明白了，往大里說是曹操愛才，往卑鄙裡說就是政治家要做出點姿態給大伙看：你們看看，陳琳這廝罵我罵得那麼狠，我照樣讓他為我工作，而且很賣力氣吧！

　　因為這篇《為袁紹檄豫州文》，讀大學時想專門找陳琳的文章讀，可是學校裡沒有陳琳的專著，只能讀文學史中關於"建安文學"時期的陳琳。近些年重讀了過去囫圇吞棗讀的書，也是帶著自己的審美觀點重讀，於是，對陳琳越加反感。

　　陳琳在漢靈帝時，依附當時的國舅、大將軍何進，官至主簿。東漢末年，宦官擅權，何進欲誅宦官，太后堅決反對，何進欲召集地方豪強，引兵來京城咸陽，以此恫嚇、劫持太后。陳琳曾力諫反對。可是，何進不聽勸諫，一意孤行，堅持從地方引兵入京脅逼，結果董卓率兵進京，自立為太師，廢少帝，立獻帝，社會動亂四起，加快了東漢王朝的覆滅。何進也在亂中被殺。此時的陳琳還是一個清純的書生。

　　何進死後，陳琳迅速逃到袁紹處。何進的失敗，讓陳琳懂得一個俗世道理，那就是書生要找棵大樹下乘涼，要抱一個粗腿來苟活。袁紹是個庸才蠢蛋，希望帳下有幾個文化人。封建歷史上的政治家都是這樣，養幾個文化人在身邊，平常是擺設，偶爾用一下，搞亂就殺掉。袁紹收留陳琳，我想可能還有另一點想法，那就是：陳琳是漢朝的朝廷官員，又是大作家，我袁紹收留了他，更證明曹操是漢賊，我是漢臣。更何況，也許大才子、大作家陳琳還會有明星效應。政治家與任何人合作，都是為了黨同伐異。

　　建安五年，官渡之戰爆發，兩軍對壘，袁紹想起陳琳來，命陳琳寫一篇罵曹操的檄文，最好是曹操看到就能氣死。陳琳奉了此命，真是用盡心機、智慧、才華，作了《為袁紹檄豫州文》。

此文寫得真是好，應該是陳琳的代表作。把罵人的文章寫得這麼才華橫溢，結構嚴謹，用詞用典到位是少見的。不像我們當下的罵人文章與潑婦罵街無異。但文人罵人還要含蓄寫好，罵曹操就罵曹操，哪能把曹操的祖宗八代都罵一遍呢！而且用語之尖刻之惡毒，恐怕是空前絕後的。

　　這篇檄文還真有作用，不過和袁紹、陳琳的想法相反。曹操當時正苦於頭風趴在床上，因臥讀陳琳檄文，竟驚出一身冷汗，立刻起來，精神抖擻，鬥志昂揚，一舉打敗了袁紹。

　　袁紹敗後，陳琳被俘。曹操沒立刻殺他，但三軍將士劍拔弩張。戰士們拭目以待地等著曹丞相處置這個罵人太損的秀才。曹操把陳琳帶到自己的祖墳前，讓陳琳當著文武百官的面讀自己寫的《為袁紹檄豫州文》。陳琳雙腿發抖，尿沒尿褲子沒有記載。他一邊往曹操祖墳的墓碑前走，一邊想：咋能活下來呢？估計那個瞬間陳琳就把一生的智慧都用上了。終於，他想明白了：曹操也是作家，還愛才；我表現出一點氣概來也許會打動曹丞相。於是，就在他拿出文章朗讀前，突然振作起來，清了清嗓子，器宇軒昂地當著文武百官的面把這篇文章讀了一遍。估計陳琳在讀文章的時候一定聽到戰士們拔劍的聲音了。可他堅定信念，一定能讓曹丞相回心轉意留他一條活命。果然，曹操聽了陳琳抑揚頓挫的朗讀，覺得這個秀才在此時竟能面無懼色，或許留著將來有用。再說，一個書生在政府體系裏不就是一顆棋子嘛！殺了這一個軟蛋書生還會讓那些對我曹某人有微詞的書生因膽寒或激憤而生事。在封建社會裡，政治家看待文人就是這樣：聽話，我養著你，別生事。心裡不舒服了，去喝酒泡妞，找另一個文人打嘴架去，別對我的政治方略說三道四。於是，曹丞相就留下了陳琳的命，收在帳下。此時陳琳感激涕零，連聲"謝丞相不殺之恩"。陳琳這樣又歸附了曹操。

封建時期，政治家眼裡的文人都是軟蛋，這個觀念幾千年都沒有變化，悲哀的是幾千年來許多文人並無自知之明。

文化人的三元素是：知識、情感和立場。盡忠守誠是基本品質。然而，幾千年下來，鑽營、拍官、貪財、苟且感感者太多，常讓我等羞愧滿面。

其實，在歷史上，陳琳的變節行止還不算之最，更可惡的文人是錢謙益。這個明末清初的大文豪，丟盡了文人的臉。其詩文與做人做事，簡直是大相逕庭。關於錢謙益，這裡就不再贅述了。

115

　　歷史上被罵得最多最狠的人，大概要數曹操了。至今仍有人在罵他。曹操被千年唾罵，是因為他"名為漢相，實為漢賊"。我讀《三國演義》時，感情傾向也是挺劉罵曹。幾千年的儒家之道、正統思想，常常會遮蔽了期盼社會進步的願望。

　　當然，曹操確實做過許多令人不齒的事。一句"寧教我負天下人，休教天下人負我"，就足以證明他的世界觀、人生觀、價值觀。話說回來，哪個政治家、富賈巨商起家時，不是雙手沾滿鮮血和一肚子狗屎。曹操篡漢是真，心狠手辣殺人如麻是真，盜墓、奸詐、好色都是真。但他推動社會進步也是真。社會進步是整個民族的，與他個人起家時的卑劣手段相比，還是利大於弊的。

　　千年來，文人罵曹操；武將罵曹操；不文不武的人也罵曹操。我說的這個不文不武的人是禰衡。

　　讀《三國演義》時，看到禰衡裸衣擊鼓罵曹操一節，覺得很過癮。現在不這麼想了，因為我實在不喜歡禰衡這種人。一個假憤青，一個患了青春期狂想症的病人，一個自負清高的狂人，一個讀了些書卻只為賣弄的文學青年。

我還看過京劇《擊鼓罵曹》，幾乎把禰衡塑造成英雄。

禰衡是孔融推薦給曹操的，當時的孔融是口口相傳的長安城裡乃至東漢的第一文人，但這位孔夫子的二十世孫，也實在不怎麼樣。孔融與曹操一向政見不和，孔融推薦禰衡給曹操，本來就是想讓禰衡給曹操找些麻煩的。我相信，禰衡裸衣罵曹操，也一定是受到了孔融的慫恿。關於孔融，這裡就不多說了，他倚仗是孔子二十世孫的身份也幹了許多壞事。禰衡到了曹操府上，傲慢無禮，覺得憑自己的滿腹詩書咋著也能弄個廳長局長乾乾，可曹操是什麼人啊？閱人無數，人中之精英。曹操看不上這個愣頭青，又不好駁回孔融的面子，就給他一個小官 "鼓吏"，就是別人喝酒唱歌跳舞時，他要在一邊擊鼓助興的差事。這個官可比孫悟空的 "弼馬溫" 小多了。禰衡覺得受到了奇恥大辱，於是就在曹操大宴文武時，赤身裸體地痛罵曹操。罵的內容肯定是事先寫好的稿子，主題鮮明，層次清晰，有張有弛。大概這篇罵詞，是禰衡寫得最好最具特點的文章了。當然，禰衡也僅活到 25 歲。

禰衡罵曹操，其實是沒理由的，至少是理由

不充分。如果就因為一個"鼓吏"去罵，顯得太膚淺了，也不夠尊重這個"罵"字。文人想當官是常見的事，可是也要有說服力的作品或行政能力、經營能力被大官認可才行。一個僅讀了幾本書、一身魯莽、剛剛出道就想入非非的人，下場是怎樣都不過分。

　　罵人，是每個人都有的天生本事。但該罵什麼人，怎樣罵人，卻應該講究一些，尤其是有點文化的人。憑書生意氣或青春勇氣，知其然不知其所以然或被人挑唆無厘頭地罵人，最後只能丟自己的人。至於裸體，除了私生活，在任何情況下都是傷大雅失體面的事。還有一句話：罵人很凶的人，一定是心底虛弱或神經衰弱的人。

　　禰衡罵了個痛快，就想讓曹操當場殺了他，借曹操的刀揚名，一副不能罵死你，就死在你刀下也光榮的姿態。用更俗的話說：打不過你，我濺你一身血。可曹操沒上當，曹操是個英雄，英雄的刀下不會輕易地有無名之鬼。曹操把他轉給劉表，劉表又轉給他人，借別人的刀，把他殺了。這就是政治家和文人處理問題的方式和手段。

　　文人的力量在筆頭，不是在口頭。

116

　　安徽的一位兄弟來北京，到我辦公室給我一本書《嚴嵩詩選》，很舊，木刻雕版印刷，線裝，有封套，沒有印製單位和編者，連個像蘭陵笑笑生這樣的筆名都沒留。我個人判斷，看上去像是民國時期印製的，當然，我對版本學、考古學一點研究也沒有，完全是主觀臆斷。我把這本詩集拿在手裡琢磨半天，民國時期為什麼要印製《嚴嵩詩選》？嚴嵩在中國歷史上是排前十名的大奸臣大壞蛋，好像就沒聽到看到過為嚴嵩說好話的人，可什麼人會對嚴嵩的詩歌感興趣呢？帶著種種猜測，我看了這本詩集。

　　關於嚴嵩的劣跡，史書有記載，民間有傳說，方向一致——這是個沒幹過好事的大奸臣。

　　我把他的詩集讀完了，突然對刊印這本詩集的人肅然起敬。嚴嵩雖壞，但是詩歌寫得還是不錯的。詠物有趣，抒懷有致，質樸典雅，工整不泥。

　　我抄錄了幾首，這裡先舉二首為例。

　　東堂新成二首

　　一

　　種樹成陰闢沼漁，數椽聊此卜幽居。

諸峰稍識嵐霏外，三徑新鋤灌莽餘。
窮巷頗回高士轍，藜床時讀古人書。
欲因蘿薜辭簪弁，慚愧天恩在玉除。

二

無端世路繞羊腸，偶以疏慵得自藏。
種竹旋添馴鶴徑，買山聊起讀書堂。
開窗古木蕭蕭籟，隱几寒花寂寂香。
莫笑野人生計少，濯纓隨處有滄浪。

就這兩首詩而言，很難讓我和一個千古奸佞對號入座，可偏偏這個千古奸佞就寫出了這樣的詩。於是，是否可以這樣判斷：不是好人才能寫出好詩來，也不是壞人就一定寫不出好詩。嗨，我也別文縐縐地繞了，簡而言之，好詩人不等於是生活中的好人。

由是，我自我思忖檢查了許久。過去我曾堅定地認為，詩人，尤其是能寫出好詩的詩人，一定是仁義禮智信溫良恭儉讓的人。通過讀嚴嵩的詩，我只能否定自己過去幼稚、書生、理想化的判斷標準。看來，我對人類的複雜性瞭解不夠，甚至準備不足。

其實，仔細想想我們身邊那些心地陰暗、傾軋同行、貪財好色、蠅營狗苟之徒，其中有些人寫的詩歌還真是很好的。民國時期是我們這個民族文化較為蓬勃的時期，有人能頂著被千夫所指的危險來刊印《嚴嵩詩選》──當然，書上沒有姓名、地址，但也絕不是只印這一冊，足見這是個真正的為文學、為詩歌負責任的人。

嚴嵩有多壞、多奸，怎樣禍國殃民，這是政治問題、社會學問題，應該在政治領域、社會領域裡討伐；而他是個秀才、詩人，能寫一手好字。（據說北京現在許多老字號的牌匾都是嚴嵩題寫，比如：六必居醬菜等），能創作出許多好詩，就是文學專業的問題了。我們有這樣一個壞習慣，說這個人好，就一好百好，不夠好的地方就寧可造假也讓他好；說這個人不好，那就一無是處，立過的功，做出的成績都一筆勾銷。嚴嵩專權禍國，遭千古唾罵，人們唾罵他的時候，就不再去考慮、提及這個人寫過許多好詩。這種事，在我國歷史上發生得太多了。比如我們天天用的宋體字，其實就是根據秦檜的字改造的。現在我們說宋代四大書法家是蘇黃米蔡，據傳，最初是蘇黃米秦，這個秦，就是秦檜，但因秦檜是賣國賊、漢奸、謀殺岳飛的兇手，所以就把秦換成蔡。而這個蔡，據說最初是蔡京，可蔡京也是奸佞之輩，最後換成了蔡襄。蘇黃米蔡中，唯有蔡襄寫得最差，在我的視線裡，還真沒看到聽到誰在臨蔡襄。秦檜確實寫得一手好字，蔡京也寫得一手好字，他們和嚴嵩一樣都是科考及第才出來為官的。他們在未出仕之前，我相信他們也是滿腔熱血一懷理想雙手好文章的。壞，是他們當官後，當大官後。一個窮學生無論如何也辦不到禍國殃民吧！問題是，他們坐在一個能夠禍國殃民職位上禍國殃民了，可他們的書法、詩章仍然是以書生、秀才、詩人的身份完成的，並沒有禍國殃民，咋就給徹底埋沒了否定了呢！

一榮俱榮，一毀俱毀，是反藝術的，反文學的。

我真誠地再一次向那個刊印《嚴嵩詩選》的人致敬。

我比較喜歡嚴嵩的詩《揚州》，忍不住還是要錄在這裡。

揚　州

觀憶瓊花色，橋憐萬柳陰。
蕪城今夜月，懷古一悲吟。
勝蹟那堪問，長江獨至今。
波間飾龍艦，早晚翠華臨。

117

前年，應河南詩人朋友之邀，到鄧州去南水

北調中段的起始點鄧州採風。朋友在邀請我時特意加了一句：“我們這水可是供應你們北京的，以後你們吃的水就是我們鄧州的水了。”這句話有幽默的成分，但也有要挾的意思。我無可爭辯，必須去。吃人家的嘴短啊！

好兄弟霍俊明也同去，頓時覺得一路會很好玩兒了。好風景是身邊的人。

到了鄧州，當然地，除參觀南水北調工程外，還是要各處看看。其實，我答應來鄧州時，心裡就想著一處要仔細看的地方：“花洲書院”。這是范仲淹被貶鄧州時的辦公室、家居、書房一體的院落。重要的是，范仲淹在這座書院完成了《岳陽樓記》。

到了“花洲書院”，我站在高出四下地望，不是看風水，是看看周邊環境還有多少與這座書院相匹配的設施。霍俊明拿著手機到處照相，發微信。霍俊明有博士後的學歷，是當下較為出色的青年理論家，也是一位詩人。大家都把他看作是理論家，而我更願意把他看作是詩人。只有詩人，長多大歲數都是孩子。那些心思縝密、複雜，說話左躲右閃、含而不露的才是理論家。

我是一直為範仲淹鳴不平的，憑什麼“唐宋八大家”裡沒有范氏？

“唐宋八大家”是明朝人朱後小同學所為，

若朱後小同學是一時興起編著玩的，怎麼後世就認可了呢？我曾為此查找過許多資料，想瞭解個究竟，無果。當然無果！一千多年了，被蓋棺論定了，誰還願意去過多質疑，亦或再選出個新"唐宋八大家"？如果真有這樣的傻帽兒，肯定遭一頓臭罵。可現在的"八大家"，確實說服力不夠。這八個人當然都是當時的大文學家，可未必是當時頂尖的大文學家。現在這八人中，唐二宋六，泱泱盛唐就這兩個散文家？韓愈、柳宗元確實是當時的頂尖文學家，只是僅此二人來代表唐代，似乎力量有些單薄；至於宋代選出這六位，實在有些說不過去。"三蘇"中，除蘇東坡外，那"二蘇"頂多就是個二流作家。還有曾鞏，不知當下有幾位書生、學者知道他寫過什麼大作？有幾個讀書人讀過曾先生的文章？實話實說，我讀過曾先生的《唐論》，真的沒讀出什麼好來。

　　於是，為範仲淹鳴不平。

　　也有為周敦頤鳴不平的，說周敦頤也該進"八大家"。我覺得周敦頤還是差點意思，最多算個準二流的作家。

　　想表揚一下范仲淹。

　　范仲淹本是富家子弟，因幼年（兩歲）喪父，隨母改嫁，曾隨繼父姓朱，名說。他兩歲後名叫朱說。直到他十七歲苦讀及第做了廣德軍司理參軍，才把老母親接到身邊，並恢復了范姓。范仲淹一名便是此時開始的。

范仲淹是有政治抱負的人。當然，那時的書生接受的就是"學而優則仕"的教育。政治是無常的，有一句話，"人無百日好，花無百日紅"，大概說的就是政治角鬥場。

公元 1043 年，范仲淹第三次奉詔回京，不久便被提拔為參知政事（副宰相）。因主張實施"慶曆新政"，觸及了另一政治集團的利益，又一次改革失敗。隨後，范仲淹被貶至鄧州任知州。

范仲淹幼年吃過苦，知道百姓的苦日子是什麼滋味，所以他到鄧州任知州後，勤於民事，常實施憂國憂民之舉。他經常深入民間，出入在老百姓的田間地頭，有時還親自耕種，深得百姓歡迎。他重安撫、輕懲罰、廢苛雜，在他的《答提行張太傳嘗新耘》一詩中，曾這樣寫道："長使下情達，窮民溪不伸。" "但願天下東，一若樽前身，長戴堯舜主，盡做義黃民，耕田與掘井，熙熙千萬春。" 此時的范仲淹，把一腔熱血和政治抱負都放在鄧州的土地上，文章著述都完成於"花洲書院"。他依然以鄧州一地的生產、生活實踐來憂國憂民，足見他的政治野心或叫胸懷還在。

范仲淹在上任的第二年，便主持修建了位於鄧州東南隅的"百花洲"、"春風堂"和"藍秀亭"等學堂，估計他是想：改革新政要從娃娃抓起。後來他又創辦了"花洲書院"，成為當時鄧州的最高學府。他還常到書院給眾學子講學。范仲淹的兒子、後官至觀文殿大學士的范純仁，以及官至崇文院校書的張載、曾任鄧州知州的翰維，都是從這所書院走出來的學生。

就在范仲淹致力於把"花洲書院"辦成"杏壇"的同時，他的好朋友滕子京派人送來一封信，請他為一座叫岳陽樓的建築寫個重修記。滕子京被貶為岳州的地方官員後，也是覺得在官場上，自己的熱臉貼了政治的冷屁股。於是，就暫時放下抱負，安心地把領地好好整整。所以要把岳陽地區治理成一個經濟繁榮、安居樂業的地方。當然，要想有政績，首先搞市政建設，做些面子工程（估計那時不會有借工程貪腐的）。於是，他便決定整修江南名樓─岳陽樓。這麼大的事情，一定要有個名人為此作記才好，就像現在找名人給自己的作品寫序、寫譽美文章那樣。讓誰來為此作記呢？他想到了自己的好友、文才出眾、也正遭貶的范仲淹。於是，滕子京先畫了一幅岳陽樓及地理位置的草圖，並附書信一封，派人送至千里之外的鄧州。

　　面對老朋友的千里求文，范仲淹當時一定是甚為感動。當晚，范仲淹乘著酒興，在花洲書院秉燭執筆，參照岳陽樓的草圖，仔細構思起來。那時正值農曆九月中旬，秋高氣爽，菊香飄溢，拿起筆來他頓時思緒萬千。寫岳陽樓？還是寫自己吧！他想到自己的坎坷經歷，想到自己及滕子京的被貶，當然，他也在想嚼著黃蓮卻說不出苦的百姓。他的政治覺悟頓時隨著酒精升高，他的理想抱負也高漲起來，國富民安的理念在心裡嘎嘎作響。於是，飽蘸濃墨，奮筆疾書，這樣，《岳陽樓記》就成篇了，"先天下之憂而憂，後天下之樂而樂"成為評判一個領導的尺子，當然也成了掛在一些政治家口頭的名言。

　　就憑一篇《岳陽樓記》，憑"先天下之憂而憂，後天下之樂而樂"這句振聾發聵的話，"唐宋八大家"不該有范仲淹一席嗎？

　　離開"花洲書院"時，在書院門外的半山坡上看到幾棵樹，樹的頂端開著一團一團的白花。我問身邊的朋友，這是什麼花？朋友說：六月雪。聽到這個名字，我似乎真的吸了一口涼氣。

　　霍俊明繼續歡快地拍照片，發微信。

　　那一樹的白，讓我想起少年時家鄉的雪。那時的雪主要是我們這些小朋友的玩具，玩兒的時候，不知寒冷，更不懂得苦。到現在看見白色，就會想起故鄉。少年時的六月看不到雪，成人後，才常常看到六月雪。

118

五年前，小兄弟慕白要我給他開個讀書的目錄單子。想讀書的人，是有理想的人，有野心的人。這個野心是想用文化證明自己的野心，是在詩歌創作上追求貢獻的野心。說句閒話，現在從一些青年詩人的作品中，我很少看到野心。那些在自己的情緒裡打轉轉，格局小也談不上什麼意境，文本上雖然沒有大問題，但就是看不大明白寫這種詩的目的。當然，還有一部分人，敢打敢拚追求異樣、陡峭，有些是在追求創作上的突破，有些就是譁眾取寵。我對那些在文本上尋求突破，力爭為當下漢語新詩做出點貢獻的詩人，投以敬仰的目光，他們是真正有野心的詩人（恕不列舉姓名）。而對那些想作妖耍橫的人，嗤之以鼻，這些人是想獲得關注度，想"不能流芳百世，定讓他遺臭往年"。為了獲得俗世的功名利祿，不是文化野心，是邪念貪慾。此類人我也不列舉了，古今中外皆有。

古人對讀書人的年齡是有要求的，最好是童

子功。五六歲就去私塾館讀書、寫字，並諄諄地教導："少年讀書如日，中年讀書如月，老年讀書如燭。按這個年齡劃分，我已如燭，慕白也是如月了。不過，好在我能堅持天天讀，閒時就讀，努力讓燭火不滅。

我給慕白開了一批書目名單，有詩歌作品的，有美學的，更多的是表面上和詩歌關係不大的書，如《酉陽雜俎》《浮生六記》《被背叛的遺囑》及張岱的文集等。我想：慕白當時看到這個書單一定會很疑惑："讓我看小說幹嘛？"

果然，過了一段時間，我問他：書讀的咋樣了？他說：詩歌作品都讀了，美學類的書有些現在還看不懂，張岱的文集看了，寫得好。不過，你讓我看《酉陽雜俎》《浮生六記》幹嘛？我非常嚴肅地說：他們寫的是人間的事，是我們無法再體驗的事，讀這些書，我是讓那時的人替你生活。尤其是《酉陽雜俎》，一定要好好讀，對錘煉文字、增強想像力有大益處。他"嗯"了一聲。我再也沒問他接著讀了沒有，也沒交流過體會。不過，後來看到他寫的一批詩歌，我知道他讀完了，而且消化得不錯。

一個詩人，讀過多少書，或消化了多少知識（包括創作手段），一首詩就能看出來。

一首詩，要有豐富的文化信息量，要用詞用

字凝練準確，結構張弛有度，敘述有節，表達有效。這些都不能生而知之。重要的是想像力這個詩歌生命的根。突發奇想，人人能之，但想像用得合情合理並能準確地生成詩意，不會人人能之，要靠自身的文化底蘊。無中生有容易，有中生無難。

我不是要在這裡表揚慕白，僅是拿他做例子。

我想說的是：一個青年詩人的成長，直接經驗固然重要，而沒有閱讀的間接經驗，是很難寫出優秀之作的。當然，閱讀經驗的形成，是要靠讀書人的悟性。

前一段時間讀陳傳席先生的《悔晚哉臆語》，其中有一節如此這般地說："感覺、覺悟，佛家之語也。實由感而覺，由覺而悟……凡書畫詩文之成大功者，必經此三境界。夫感者，師其物也；覺者，師其心也；悟者，師其性也。"

讀書，重在悟，有悟方能成大功。不贅了！

119

應邀到揚州聽劉揚先生彈古琴，我欣然允諾。

飛機晚點，到達揚州時，天已黑透。到賓館放下行李就往劉揚先生的琴館走。劉揚先生琴館在揚州東關的一條老街上。

　　天上飄著霏霏細雨，是那種“吹面不寒楊柳風”的雨。

　　幾年前，我來揚州也遇到過一場雨，那是具有沖刷、清洗力量的大雨。那一次，我是奔著瓜洲渡去的，奔著張若虛的《春江花月夜》去的。“江畔何人初見月，江月何年初照人”是一個詩人一生的追問。

　　在中國歷史上，沒有哪一座城市能像揚州這樣承載那麼多的民族文化信息量。隋煬帝開鑿大運河，在這裡挖下第一鍬土，也就是邗溝渠。李白為揚州做的廣告現在已經是三尺小童便可背誦：“煙花三月下揚州”。漢唐宋元明清的文人墨客來過揚州、寫過揚州的不計其數。僅馮夢龍的《三言兩拍》，大約有三分之一以上寫的都是揚州的故事或與揚州有關的故事。“杜十娘怒沉百寶箱”的故事，應該是婦孺皆知了。那一次，我在揚州待的時間比較長，後來還寫了一首《揚州遇雨》的詩。

　　這一次，只是來聽琴，聽劉揚先生彈琴。

　　劉揚先生身材壯實，面容和善，一雙寬厚柔和有力的手。劉揚先生是廣陵派第十代傳人劉少椿的孫子，也就是第十二代傳人。廣陵派是我國古琴體系裏的重要派系。

　　古琴，應該是我國歷史上最早成型併為士大夫所擁有的樂器。孔夫子在杏壇授課，所用樂器就是古琴，只不過那時的古琴還是五根弦的，按"宮商角徵羽"設定。孔夫子為了讓弟子們更好地理解《詩經》，把三百零五首詩，都譜成了古琴曲，遺憾的是現在失傳了。漢代以後，古琴才發展到七根弦。古琴的發展史這裡就不多囉嗦了。說說流派。所謂流派，是指學術、技藝方面的派別。歷史上古琴的流派很多，且門派之間規矩甚嚴。像金庸在小說《天龍八部》裡寫得那樣：虛竹死都不肯學天山派的武功，因為他是少林弟子。現在古琴界已經沒這麼多規矩了。一個學琴的人，可以學幾個門派的琴藝。

　　明末清初至現代，江南江北相繼有了　"廣陵"、"虞山"、"浦城"、"蜀山"、"九嶷"、"諸城"、"梅庵"、"嶺南"等著名琴派。不同琴派的存在對古琴的發展有很重要的意義，因為各個琴派的差異性，才造就了古琴的豐富多彩。試想，如果所有人把古琴都彈成一個曲調，那是件多麼無趣的事情啊。

　　劉揚先生是廣陵派的正宗傳人，聽懂了劉揚先生的琴，也就對廣陵派有了大概的認知。

　　劉揚先生端坐琴案，屏氣凝神，右手在月山下，左手在九輝間，突然睜開眼睛，手動音出。

重而不破，輕而不虛，勁健渾雄，沉著曠達。一曲《憶故人》彈罷，我許久沒能從遙遠的地方回過神來。我突然想起蘇東坡的疑問："若言琴上有琴聲，放在匣中何不鳴？若言聲在指頭上，何不於君指上聽？"是啊，這琴聲是從哪兒出來的呢？心底，被感染者的心底！

聽琴和讀詩看畫一樣，能被曲中詩中畫中的情緒所感染、所調動，就是好曲好詩好畫。

劉揚先生不善談吐，話語無多卻很堅實，很像一把古琴。

午夜，我離開劉揚先生的琴房，回到賓館。躺在床上輾轉難眠，心底依然迴蕩著那曲《憶故人》。既然睡不著，索性爬起來，在紙上寫下《聽劉揚先生彈古琴》：

聲音是從深水區升上來的
從叢林密處漏下來的
從高山頂端飄落的

這聲音是剃刀
剔除你的年齡
你的肉慾
你心底的凡塵雜念

這聲音，或急或緩
或耳語或鏗鏘
為我打開了一條路
一條通往遠古的路

我順著這琴聲向後轉
去尋找伏羲，尋找孔仲尼
找建安七子、竹林七賢
找唐詩宋詞、揚州八怪
所有我熱愛的先賢
都在路邊等我

這琴音裡
有讀書聲，有風月有花影
有茶有酒
有劍拔弩張

這琴音
給了我進入夢境的能力
也給了我接受拷問的機會
坐在琴音裡
我被擊打，被灌頂，被穿透
這聲音不是劉揚先生的手指撥響的
也不是那七根弦發出的

是子曰詩云忠孝廉恥的腳步
它不僅僅是音樂
是文明史的記錄

我盯著琴絃仔細看
彷彿看到刻滿民族史的七根筋骨

120

　　我曾調侃讀過的一本翻譯成五言韻文的《惡之花》，這本五言漢語詩的《惡之花》，既看不到波特萊爾的形象與情懷，也看不到詩的意義與鏡像，就是一部不知所云不倫不類的怪胎書。那麼，是不是歐美詩歌都不能翻譯成漢語的韻文詩呢？肯定不是！有一首被我國人民幾代人傳誦的翻譯成漢語五言有韻的詩，就是成功的典範。那就是裴多菲・山陀爾的《自由與愛情》。這首詩，魯迅先生在《為了忘卻的紀念》一文中曾引用過。全文大家都會背誦：

生命誠可貴，
愛情價更高；
若為自由故，

二者皆可拋。

這首詩是當時著名詩人殷夫在 1929 年翻譯的。

我不懂匈牙利文，也不知道原詩是不是具有這種漢語箴言的威儀。在中國被廣泛流傳的詩歌，大部分都具有箴言的效果。這首"老外"的詩，被譯成箴言詩，所以流傳得廣泛、久遠。當然，有幾位好事者，當時就曾試著譯成今天的現代漢語詩歌，不押韻，長短句，卻都沒能成功。我讀了幾首譯成現代漢語長短句的這首詩，也覺得不如這首五言韻詩譯得好。試舉兩例：

之一

自由，愛情！
我要的就是這兩樣。
為了愛情，
我犧牲我的生命；
為了自由，
我又將愛情犧牲。

（孫用譯）

之二

自由與愛情！
我都為之傾心。

為了愛情，
我寧願犧牲生命，
為了自由，
我寧願犧牲愛情。

（興萬生譯）

　　有人認為，這首《自由與愛情》是裴多菲為了參加匈牙利當時的人民起義、革命鬥爭而寫下的充滿革命精神的政治抒情詩（比如由馮植生先生編寫的《裴多菲傳》），我覺得這種絕對的認定與理解是有誤的，我對這首詩的理解可能與大家的共識略有不同。我讀過一本裴多菲最鍾情的人、少女喬包‧愛德爾卡的姐姐喬包‧馬麗亞寫的一本書，叫《回憶片斷》，書中對裴多菲如何痴情有淋漓盡致的描寫。一句話，裴多菲愛這個十五歲的女孩，達到了忘我、失去理智、生死混淆的境地。

　　一個詩人的作品，尤其是出色的作品，是一時的衝動？還是整個人生階段性的反映呢？我認為一時的衝動也是一個時期的整體反映。我覺得裴多菲的這首《自由與愛情》是他在一個時期裡情感積壓得憤懣的一次爆發。喬包‧愛德爾卡去世的兩年後，1846年9月，23歲的裴多菲在舞會上結識了伊爾諾茨伯爵的女兒森德萊‧尤麗婭。

這位身材修長、有淺藍色眼睛的美麗姑娘的清純和率真，使年輕詩人又一次一見傾心，可擁有大量土地莊園的森德萊·尤麗婭的伯爵父親卻不肯把女兒嫁給裴多菲這樣的窮詩人。在這個世界上，對一個詩人的最大打擊就是真心所愛卻不可企及！尤其像裴多菲這樣情種一般的詩人。雖然後來裴多菲與尤利婭結婚了，但當初的那種傷自尊的惱怒並沒有徹底消散。1848 年，匈牙利人民革命的起義爆發，裴多菲毅然決然地投身參加了革命，此時，他結婚不足三年。也是此時他寫下了這首詩。此前，也就是 1844 年，裴多菲曾愛上的那個十五歲的姑娘喬包·愛德爾卡，依然在詩人的心裡活著。死去一個心愛的人，又彆扭地取回一個心愛的人，讓詩人炙熱的感情無法酣暢淋漓地傾瀉。

讓死去的人活著，讓活著的人死去，是詩人的正常情感狀態。

我不想說裴多菲怎樣地參與、謀劃革命運動，怎樣英勇無畏地戰鬥，直至犧牲。只想說這首譯成五言的漢語詩。一句 "愛情價更高"，已經表明了裴多菲的愛情觀、價值觀。從他短短的二十六年的生平裡，我們也看到了他對愛情的瘋狂和執著。生命算什麼？愛情才是最值得擁有的。這就是詩人的本性、本質。

　　裴多菲只活了二十六歲，留下了一千多首詩歌，不足三分之一的作品帶有革命、政治色彩，大部分詩歌是愛情詩。其實，他最著名的詩歌是《我願意是急流》，一度，我國好多詩人都曾模仿著這首詩來寫，具體的作品與詩人，我就不說了。

　　詩人都是為了得到情感的滿足而活的，情感得不到滿足，一切皆可拋。我確定地認為這是《自由與愛情》這首詩的主旨。

121

　　人總是看別人清楚，看自己糊塗。越是聰明的人越是這樣。

　　自知者明，而真能自知者甚少。有些人，看自己時只能看到六、七成，另外的三、四成，自己給自己自圓其說了。也就是自己原諒自己或自負地認為只有天知地知無人可知。哄騙自己容易，哄騙他人難。

　　用看別人的眼睛看自己難，用哄騙自己的方法去哄騙別人更難。

　　人人都在喊需要真誠時，說明社會上沒有真誠，真的在某個局部有了真誠，也是有限度的。

真誠，是解除疑慮後的狀態。

三國時，馬超與韓遂是世交，彼此的真誠似乎毋庸置疑，而曹操卻看到了他們之間的縫隙。那就是馬超年輕氣盛，自負好強，急躁草率；韓遂穩當持重，甚少冒險。於是笨拙地使用了一個"反間計"，便成功地將二人肢解。馬韓之間的問題出在互有疑慮。一個想急進，一個想穩紮穩打，彼此有分歧。如果他們之間沒有疑慮，完全真誠相待，即使有反間計，也難成功。疑慮就是縫隙。

唐明皇與楊玉環，不能說不真誠，但都太自私，個人情感與朝政之間有了縫隙。如果楊玉環真愛唐明皇，就不能讓他從此不早朝，而應該愛他的全部，包括朝政、大臣等；唐明皇若真愛楊玉環也應該是家國天下地愛，江山美人不是魚與熊掌。一己私情與國家朝政之間的縫隙越來越大，唐明皇與楊玉環之間的真誠就越來越小。其結局我就不說了。

我見到一對夫妻，恩愛得像一個人一樣，倆人常說：我們倆互相就是兩滴清水。後來發現，女方一邊真誠地愛著自己的丈夫，一邊偶爾去應付著前情人。當丈夫發覺了，傷心地鬧起來時，女方委屈地說：我真誠地愛著現在的丈夫，和前情人的偶爾來往是很私密的，只是應付，丈夫怎

麼會察覺呢？女人自信地認為身體的機械運動，
不動心不動情，怎麼會傷害與丈夫之間的真誠
呢？真是自作聰明。

　　我不想討論這對夫妻如何，我只想說：天下
有真正的私密嗎？一個眼風，一絲嘴角的顫動，
都會暴露你的所有隱私。況且，越是愛你的人，
對你的觀察越細微。拉一下你的手，溫度與過去
有變化，都可能引起猜度。

　　其實，一對真正的人，可以接受所有的事
實，唯獨不能接受哄騙。

　　尤其詩人，更不會有什麼隱私可以瞞天過海。

122

　　應邀去浙江的黃岩講課。到了黃岩，我就想
起一個人、一本書：張相文和《佛學地理志》。

　　張相文，民國人，用當時的話說是文人志
士，用今天的定位是地理學家。我眼中，他還是
一位詩人。

　　1923 年至 1924 年，張相文為了躲避時政，
來到黃岩的一座寺廟裡，讀書著述，寫成了《佛
學地理志》。這本書首次提出了“秦嶺—淮河”
是我國南方北方的分界線。這個提法已經問世，

就引起了地理學界的認可。顯然，這是一個重要的地理學認知，它的意義遠比製造幾顆衛星更重大。

張相文在《佛學地理志》中將中國分成六大部：“曰本部、曰蒙古、曰滿洲、曰新疆、曰西藏、曰青海。本部之地，或稱禹域，亦曰漢土。……就自然形勢，分南北中三帶述之。北帶，即黃河流域。南憑北嶺、淮水……唯淮水發源於北嶺之支麓。實繼北嶺之正干，而為南北之界線。”當然，也有研究者提出，1912 年出版的《新體中國地理學》一書，對於秦嶺—淮河這條線的記載要早於張相文的《佛學地理志》。書中是這樣說的：“南北二嶺，橫絕域中，劃為三帶。黃河、揚子江、珠江三巨川流貫其間。北嶺淮河以北為北帶，為黃河流域……”後經證實，這本書主要是參考張相文早期的地理教科書而作，而張相文依舊是最早提出“秦嶺—淮河”分界線的第一人。

說到教科書，這個詞彙也是張相文首先提出的。1900 年，他將地理學講稿加以整理，編著了兩種地理課本：《初等地理教科書》和《中等該國地理教科書》。“此二書為中國地理課本之嚆矢”。

我們今天的初、高中地理教科書有“秦嶺淮

河是南北分界"的理論與數據的內容，卻沒有張相文這個名字。

　　張相文是現在江蘇宿遷泗陽人，與思想進步的章太炎、蔡元培、鄒容等結為摯友，旋經他們介紹，加入"同盟會"，積極從事民主革命運動；民國二年（1913），全國通過選舉，建立國會，張相文被選為眾議院議員。民國六年至九年（1917—1920），張相文寫了十多萬字關於革命先烈事蹟以及紀念革命先烈的文章，以示對革命先烈的懷念。他寫了被清政府殺害的徐錫麟、秋瑾等人的傳略以及民國初年被袁世凱殺害的宋教仁、陳其美等人的傳記。革命人物初寫成傳記最多的，乃關於辛亥革命群眾進攻廣州督署而犧牲的烈士事蹟，如《黃花崗義烈記》《黃花崗烈士傳》等，其中林文、林覺民等福建十傑所記尤詳。因民國初年張相文在北大任教時還兼任"國史編纂處"工作，掌握這些烈士的第一手資料，故所寫傳記，不但詳盡，而且真實可靠，為研究中國民主革命運動史的寶貴資料。

　　民國五年（1916），北京大學校長缺人，彼時段祺瑞任國務院總理，希望他的皖系軍閥政客徐樹錚為校長。張相文不畏段的勢力，極力反對，併力薦蔡元培為校長。結果張相文的意見獲准，段祺瑞對張相文懷恨在心。民國十二年

（1923），曹錕用 5000 銀元一票為餌，賄賂國會議員選他為大總統，張相文拒不接受。曹錕派便衣偵探監視他的行動，張相文被迫再次潛往上海，以避其鋒。也就是在這個期間，張相文由上海跑到黃岩的一個寺廟裡，完成了《佛學地理志》。

張相文一生鑽研地理學，也在詩詞文章上頗有建樹。被世人熟知的詩歌《詠史》是他罵袁世凱竊國而作，不妨這裡再抄錄：

詠 史

竊國從來勝竊鉤，山河容易擲金甌。

內家爭羨兒皇貴，價重燕雲十六州。

123

今年是世界反法西斯戰爭、中國人民抗日戰爭勝利七十週年。七十年了，真是"靖康恥，猶未雪，臣子恨，何時滅"。此時，我想重讀一首當年街頭宣傳單似的詩，那就是田間先生的《假如我們不去打仗》。

假如我們不去打仗

敵人用刺刀
殺死了我們
還要用手指著我們骨頭說：
"看哪，這就是奴隸！"

　　這首詩寫於 1938 年的夏天，是中國人民抗
日情緒正在高漲的時期。8 月 7 日，在延安的文
藝界同仁與延安群眾共同發起了街頭詩運動日，
《假如我們不去打仗》就在那一天誕生。隨後，
田間先生就被聞一多先生譽為 "擂鼓詩人"、
"時代的鼓手"。

　　今天讀這首詩，就像與參加抗戰的老英雄面
對面坐著，或者正仰視著一座紀念碑，莊重地舉
起右手，規規矩矩地敬禮。

　　一首優秀的詩歌，首先要保證詩人的情緒狀
態真實，有對環境判斷堅定和明確的審美追求，
進而釋放詩歌內在強大的感染力。有了感染力的
詩歌，才能入心入肺。一首沒有感染力的詩歌無
論在結構、詞語、意象、修辭等方面使用得如何
精妙，也只能是一張工藝精良的假幣。

　　田間先生的這首《假如我們不去打仗》，在
那樣一個充滿家仇國恨的情緒裡，在 "街頭詩歌
日" 上要把一首詩像撒傳單一樣傳播出去，他使
用了最簡單的方法，即整首詩是一個設問句。

這首詩就短短五行，把抗日戰爭的性質、民族的尊嚴、國恨家仇都淋漓盡致地呈現出來。真正的好詩都是藝術地呈現而不是技術地描繪。這首詩好像是提出了一個選擇，要麼拿起刀槍去打日本鬼子，要麼等著做日本鬼子刺刀下的奴隸。而答案已經自問自答。全詩凝神聚氣，沒有一個多餘的字，沒有一絲偽抒情；像核彈頭，體量小，能量大。

任何一首詩都是當時那個時代的鏡子，都無一例外地要反映當時社會的情緒狀態。這首詩就是抗戰時期的號角，是砍向日本鬼子頭上的大刀。

曾有一些人認為，詩歌是花前月下的淺吟低唱或無病呻吟，也有人質疑詩歌的社會功能，我不想對無知的人進行教育，只想說：在人類發展的進程中，所有的重要時期和重大事件，都是有詩為證的。比如這首《假如我們不去打仗》。

124

"在一間黑屋子裡逮黑貓容易嗎？"這句話是前蘇聯的一位高官說的。這句話有點兒像中國的一句俗語：烏鴉落在黑豬身上了。

這位前蘇聯的高官是在蘇聯解體前，向西方

一家媒體的慨嘆。小的黑在大的黑裡，只能任由黑自由漫漶。於是，蘇聯解體。

我不想談政治，想談談藝術領域裡的黑貓在黑屋子裡，或者說說批評家與作者的關係。

讀到很多書畫評論，之洋洋灑灑，之高談闊論，用語之極端，定位之雄奇，嚇得我渾身冒汗，直問自己：這麼多國際級、國家級的大師，我們真成了藝術之邦，書畫王國了？再讀作品，發現評論家是不是因為眼花，把狗屎稱做黃金塔了！其實不是批評家眼花，是黑屋子裡逮黑貓，是烏鴉落在黑豬身上了。

若想有好的品評文章，批評家一定要與作者之間保持距離。批評家與作者的關係太近、太親密，就像一對戀人，看到的都是放大了的優點。

我不能確定所有的評論家都是看紅包說話，但一味地捧、抬、起鬨架秧子，譽美之詞無所不用其極，確實令人生疑。重要的是：你大加讚賞的那作品就是一攤狗屎，咋就成了黃金塔了？

我曾多次看見一些作者拿著作品到處找評論家寫文章，也曾看到評論家疊著二郎腿、乜斜著眼睛待價而沽。評論家的無良，必然導致作品判斷的混亂，也必然讓一批作者和評論家變成狗屎。

我曾說過，當下人評判當下人的作品都是可

疑的。可一些急功近利者，只顧眼前的一時榮光，不怕後人戳脊樑。我懷疑，是不是有些人就是習慣了享受自摸自慰的感覺。

我只是說書畫界，沒說文學界。

125

初春，應友人之邀赴浙江蘭溪。

蘭溪從荷蘭引進了大量的鬱金香正開，於是，詩人們就要拿鬱金香說事兒，蘭溪文聯順水推舟召集、召開了一個"鬱金香詩會"。我就是應鬱金香之邀而來。

蘭溪是個好地方，有厚重的歷史文化積澱，有秀麗的自然山川，其實不必用荷蘭的花兒做招牌。現在，許多地方不知道怎樣才能出新，就絞盡腦汁地想新、奇、特，經常因新奇的離譜兒而貽笑大方。當然了，蘭溪的鬱金香詩會還沒有離譜兒，以詩歌朗誦、交流為主體。

說到蘭溪，就一定要說到一個人—李漁。

當地文聯的朋友，帶我去看近年蘭溪建造的"芥子園"。

當年李漁在金陵建造的"芥子園"，已是近乎廢墟的遺址。蘭溪這個"芥子園"，基本是憑想像建造的，至少這個園子看不到李漁的情趣。

我可以判定，這個"芥子園"的設計建造者，對李漁的性情是不甚瞭解的。

關於這個園子，我亦不便多說。現在國內有許多借個什麼名兒就建的園子，比這個園子還要莫名其妙得多。

不知夏李村伊山頭的"李家祠堂"現在是什麼樣兒了。

李漁是我非常欽佩的大才子，作家、詩人、書畫家、戲曲家、美食家、園林建築師、花草園藝師等等，真是"刃酒琴棋詩書畫，風霜雪月花鳥魚"。而且，是中國早期的圖書策劃大師、圖書出版商。

說李漁是建築家，源於他建了伊山頭的伊山別業（即伊園），在杭州建了武林小築，在金陵南京建了芥子園。這些建築都是澤被後世的。

他的一部《閒情偶寄》，簡直就是一部百科全書。林語堂在談到《閒情偶寄》時說："李笠翁的著作中，又一個重要部分，是專門研究生活樂趣，是中國人生活藝術的袖珍指南，從住室與庭院、室內裝飾、界壁分隔到婦女梳妝、美容、烹調的藝術和美食的系列。富人窮人尋求樂趣的方法，一年四季消愁解悶的途徑、性生活的節制、疾病的防治……"看看，林語堂是個讀書挑剔、評價他人小氣的人，面對《閒情偶寄》都不吝嗇筆墨。

關於《閒情偶寄》，論述者甚多，我就不贅述了。包括李漁策劃出版的《芥子園畫譜》，怎樣影響了中國幾代人的繪畫等，這裡也不多說了。

很多人都知道李漁修訂過《金瓶梅》，我甚至想，今天的《金瓶梅》一定有李漁的筆墨在裏邊。順便說幾句，《金瓶梅》的作者是個懸案，近二百年來一直有些人在做研究。有一位臨沂的朋友說，他快找到了，因為"蘭陵笑笑生"一定是臨沂人。我覺得挺可笑的。至少低估了這位想隱姓埋名的作者。既然不想露出真實姓名，何必要露出真實地名？所以，想證明作者是臨沂人的人，正是作者要笑笑的這個傻"生"。我不知道有沒有像研究《紅樓夢》的"紅學會"一樣，有組織、有建制、有財政撥款的"金學會"。《金瓶梅》的作者究竟是誰？可以說我知道！作者就是一位寫暢銷書的寫手，像今天網絡上的化名寫手一樣。書稿寫成，交給出版商，拿著稿費銀子，轉身就走。誰寫的？誰寫的？我只知道銀子好用，我沒寫過書。一定要去考證是誰寫的，不知道其文學意義、社會學意義以及科學意義何在？

反正我是不願做這種無用功，真要是考證出

一個是張三、李四寫的，也一定會讓人索然無味，甚至降低《金瓶梅》的誘惑力。

李漁是《金瓶梅》的出版商，李漁應該知道《金瓶梅》是誰寫的，甚至可以猜想是李漁的朋友。但這是商業機密加朋友信譽，李漁不會說出來的，所以，李漁關於《金瓶梅》啥也不說。

還有一本書《肉蒲團》，作者是：痴情反正道人。許多人認定是李漁寫的，我很懷疑，可我也拿不出不是李漁所寫的證據。作為一個出版商或圖書策劃者，李漁是有可能會寫這部《肉蒲團》的，有商機為啥不做？可是，李漁在金陵芥子園做出版商的時間並不長，而且那時他還要勤奮地策劃出版物和賣閒文來維繫一家老小的用度。那麼，李漁是在什麼時間段寫的呢？離開金陵後？他的生平時間表我是看過幾回的，真的沒有足夠證據來確認李漁在何時何地寫了《肉蒲團》。

毫無疑問，《肉蒲團》和《金瓶梅》的寫作動機是一樣的：換銀子！我手頭有一本是注有"基本書坊"出版，"情痴反正道人 著"，"情死還魂社友批評"的《肉蒲團》，在第一回末尾"情死還魂社友"在點評裡如是說："這部小說，惹看極矣。吾知書成之後，普天之下，無一人不買、無一人不讀。所不買、不讀者，惟道學先生耳。然而，真道學先生未有不買、不讀者，獨有一種假道學，要以方正欺人，不敢買去讀耳。抑又有說，彼雖不敢自買，未必不請人代買。讀之雖不敢明讀，未必不背人私讀耳。"看看這段廣告語，一定是出版商策劃的。這個"情死還魂社友"我倒相信是李漁或李漁的朋友。

我讀過三個版本的《肉蒲團》，這本是最具商業性、最豐富、最有意思的。書前有一篇序，署名"西陵如如居士"。這篇序文先從《西遊記》說起：說孫悟空是扯淡的，佛也是扯淡的。於是"讀此書者，猶作《西遊》小說觀。"這個序和第一章是呼應的。且看第一章中的一段："做這部小說的人原具一片婆心，要為世人說法，勸人窒慾不是勸人縱慾，為人秘淫不是為人宣淫。看官們不可認錯他的主意。既是要使人過淫窒慾，為甚麼不著一部道學之書維持風化，卻做起風流小說來？看官有所不知。凡移風易俗之法，要因勢而利導之則其言易入。近日的人情，怕讀聖經賢傳，喜看稗官野史。"為了加強廣告效應，還不妨把聖人也抬出來：不但作稗官野史當用此術，就是經書上的聖賢亦先有行之者。不信且看戰國齊宣王時孟子對齊宣王說王政。"那宣王是聲色貨利中人，王政非其所好，只隨口讚一句道'善哉信乎'。孟子道：'王如善之，則何為不行？'宣王道：'寡人有疾，寡人好貨。'孟子就把公劉好貨一段去引進他。宣王又道：'寡人有疾，寡人好色。'他說到這一句已甘心做桀紂之君，只當寫人不行王政的回帖了。若把人道學先生，就要正言厲色規諫他色荒之事。從古帝王具有規箴：'庶人好色，則亡身；大夫好色，則失位；諸侯好色，則失國；天子好色，則亡天下'。宣王若聞此言，就使口中不說，心上畢竟回覆道：'這等，寡人病入膏肓，不可救藥，用先生不著了。'誰想孟子卻如此反把大王好色一段風流佳話去勾住他，使他聽得興緻勃然，住手不得。想大王在走馬避難之時尚且帶著姜女，則其生平好色一刻離不得婦人可知。如此淫蕩之君，豈有不喪身亡國之理？他卻有個好色之法，使一國的男子都帶著婦人避難。太王與姜女行樂之時，一國的男女也在那邊行樂。這便是陽春有腳天地無私的主。化了誰人不感頌他，還敢道他的不是？宣王聽到此處自然心安意肯去行王政，不復再推'寡人有疾'矣。做這部小說的人得力就在於此。但願普天下的看官買去當經史讀，不可作小說觀。凡遇叫'看官'處不是針砭之語，就是點化之言，須要留心體認。"

從這些文字看，應該是一個有學問有智慧的出版商寫的。但一定是李漁嗎？能不能是李漁的朋友、合夥人或李漁與某某某共同完成的呢？我沒證據，我只是吃飽了撑的在瞎想。

還要說一句，李漁一生雖然不太得志，但也

活得滋潤。他有兩個夢想：一是要生個兒子，二是有自己的戲曲“家班”。這兩個夢想他都實現了。沒有什麼能和實現夢想的事比幸福了。

126

在浙江永康參觀一個古村落—厚吳村。據說，春秋時期，吳國戰敗，為躲避滅族之禍，一個部落遷徙到浙江永康此處。

全村的人，大多姓吳。厚吳一名，就不必多言了。

沒時間去考據傳說的真偽，但這個村子從房屋建築到格局排列等，是個很古老的村落，還是能感受得到的。

在一個大院落的天井門楣上，看到一幅匾額，上書“脫劍遺風”四個大字。我看了半天，感覺自己才疏學淺，不明白這四個字作何釋解，為什麼掛在門楣上。我問身邊的詩人黑陶：語出何典。黑陶也搖搖頭。我就大膽地胡說：是不是說要有儒雅之風呢？黑陶等半附和半質疑。過了一會兒，黑陶對我說：村裡一位上了歲數的人說是個歷史典故“季子掛劍”，就是守信用的意思。一位同行的女詩人也來對我說：這四個字出自李白一首詩中的"掛劍"二字。李白詩中有多少處出現過"掛劍"，我不知道，但我認為這四個字出自李白的詩句，可能性不大，主要是用一句詩中的兩個字做門楣匾額，闡釋空間未必有多大。而黑陶說的"季子掛劍"，我覺得可能性很大。

回北京後，我查了這個典故，確認那四個字就是出自"季子掛劍"的典故。這四個字是在提醒家人、族人、村裡人，做人要重情義、守信用、知恩必報。

讀了"季子掛劍"的故事，讓我感慨良多。做一個有情有義、心地良善的人，並不是難事。

"季子掛劍"的故事不長，錄在這裡。

延陵季子將要到西邊去訪問晉國，佩帶寶劍拜訪了徐國國君。徐國國君觀賞季子的寶劍，嘴上沒有說什麼，但臉色透露出想要寶劍的意思。延陵季子因為有出使上國的任務，就沒有把寶劍獻給徐國國君，但是他心裡已經答應給他了。季子出使在晉國，總想唸著回來，可是徐君卻已經死在楚國。於是，季子解下寶劍送給繼位的徐國國君。隨從人員阻止他說："這是吳國的寶物，不是用來作贈禮的。"延陵季子說："我不是贈給他的。前些日子我經過這裡，徐國國君觀賞我的寶劍，嘴上沒有說什麼，但是他的臉色透露出想要這把寶劍的表情；我因為有出使上國的任務，就沒有獻給他。雖是這樣，在我心裡已經答應給他了。如今他死了，就不再把寶劍進獻給他，這是欺騙我自己的良心。因為愛惜寶劍而違背自己的良心，正直的人是不會這樣做的。"於是，他解下寶劍送給了繼位的徐國國君。繼位的徐國國君說："先君沒有留下遺命，我不敢接受寶劍。"於是，季子把寶劍掛在了徐國國君墳墓邊的樹上就離開了。徐國人讚美延陵季子，歌唱他說："延陵季子兮不忘故，脫千金之劍兮帶丘墓。"

127

　　突然想起《三國演義》中的兩折故事。一折是"虎牢關三英戰呂布"，另一折是"鳳儀亭呂布戲貂蟬"。兩個故事在書中的發生時間很近，卻使東漢政權向兩個方向發展，兩折故事的發生、發展，改變了那一時期的政治格局。

　　"三英戰呂布"是《三國演義》第五回"發矯詔諸鎮應曹公　破關兵三英戰呂布"。那時董卓專權，廢了少帝，擁立起年僅九歲的陳留王劉協為帝，稱為漢獻帝。繼而董卓派小吏攜鴆酒，毒死了少帝及何太后。少帝在四月時嗣位，九月被廢，在位只有五個月，死時十五歲。董卓自封為郿侯，加斧鉞虎賁，出入僭天子儀仗；不久又晉位相國，入朝不趨，贊拜不名，帶劍履上殿。漢獻帝像一塊木頭任他擺佈。百官見到董卓，均須伏地迎送。董卓所做的一切，皆因身旁有一個武功蓋世的呂布。呂布是如何跟隨了董卓這裡就不囉索了。

在《三國演義》這部書中，各路英雄的武功坊間有個排行，是如下列序：一呂二趙三典韋，四關五馬六張飛。呂布如何能排第一，就用劉關張這三個"英"來襯托。那日在虎牢關前，雖是呂布先撤了，但呂布已經打了幾場惡仗，殺了幾員戰將了，劉關張是以逸待勞。那時的劉關張是公孫瓚帳下的"弓手"，這"弓手"可能連個排長都算不上。劉關張三人那時是無名小輩，唯一讓大家眼睛一亮的是關雲長曾"溫酒斬華雄"。大將華雄如何讓關雲長輕易地斬了？因為華雄根本不知道這個長著幾縷長鬍鬚、紅著臉、拎著大刀的人是幹嘛的，古人幹什麼都很講究，即使是殺人，也要"刀下不死無名之鬼"，就是死也要"門當戶對"。所以，華雄看到這個紅臉漢子奔自己來了，就問：來者何人？可能華雄這"人"字的聲音還沒完全說完，關雲長已經手起刀落把華雄斬於馬下了。如果關雲長等華雄問完，再回答：我是公孫瓚帳下的馬弓手關雲長。可能華雄就不會出槍和關雲長打，因為不門當戶對。看來，無名之輩想闖出名聲得在名將輕視自己或刻板地按規則行事時，突然出手。好了，咱不說笨蛋華雄。

《三國演義》是以劉備這一支力量為主線的，"劉備者，世之梟雄也"。劉備的野心是要"匡扶漢室"，當皇上繼而一統天下，劉備敢有這樣的野心是因為他姓劉，加之身邊有關雲長和張飛，而呂布僅是一介鄉野武夫，誰給好吃好喝好玩兒的就聽誰的。那時，呂布只聽董卓的話，讓我打誰就打誰，沒有任何野心，只有一技之長，武功好。沒有政治野心，在戰場上就會把武功釋放得徹底。有政治野心的人，在面對生與死的問題上，一定會有所保留。政治家處理一切事物，往往都是以"我不死"為前提。

"三英戰呂布"其實是呂布大勝，於是呂布武功第一。關張二人也有一技之長，武功也很好，但面對呂布就技不如也。

呂布用武功蓋世幫助董卓在東漢的朝廷專權。其實，董卓也沒什麼政治野心，整個一個流氓無產者和暴發戶的形象，有錢有權了就驕奢淫逸，無章無典，把每天都當做末日。有政治野心的人都懂得韜光養晦，不事張揚，除非為了排除異己，決不濫殺無辜。董卓政治生涯的短命，是他自己作的。他犯眾怒了，滿朝文武沒幾個和他真貼心的。於是，王允等才看到了機會。當然，首先是看到了董卓的短板—好色。而呂布也是好色之徒，這樣用女色設"連環計"才得以成功。

只是苦了貂蟬。

中國古代有四大美女，叫做：沉魚、落雁、閉月、羞花。這"閉月"就是貂蟬。

王允等人手持所謂"玉帶詔"，欲除董卓，因忌憚呂布不得近身才想出這招美人連環計來。用這一招美人計，除掉了董卓，漢朝並未因此而獲得什麼生機，反而是越來越亂，直至消亡。不過，貂蟬卻因此而獲得列入"四大美女"的美譽。當然了，一個嬌小的女子，勇敢地犧牲自己，去為政治獻身，她不美誰美？

四大美女之所以美，蓋皆與政治有關。不過，政治塑造的美，是淒美。

貂蟬是王允的丫鬟，藝妓，為設美人計才做了王允的義女。我不僅佩服貂蟬的膽量，還佩服貂蟬的演技。在董卓與呂布之間演得逼真才會讓兩個蠢蛋刀槍相向。看一段文字，究竟是呂布戲貂蟬，還是貂蟬戲呂布。

呂布聽了王允的話，又回去探問。正巧董卓入朝不在，他步入鳳儀亭，正與貂蟬相遇。貂蟬見了呂布，便淚流頤下，哽咽不止；呂布看她淚容滿面，好似帶雨梨花，怒氣早已化為烏有，便替她拭淚。貂蟬且泣且語："將軍別污了手，妾身已為太師所占，只望可見君一面，死也甘心。今幸如妾願，從此與君永訣！妾為王司徒義女，侍君箕帚，生平無憾，不意墮入詐謀，被人強占，此身已污，不能再事將軍，罷了！罷了！"說著竟撩起衣裾向荷花池內跳。呂布忙搶前一步，抱住纖腰，曲意溫存；貂蟬若迎若拒，順勢依偎在呂布懷裡，呂布遂決然道："空為一世英雄，卻不能庇一女子，生又何趣？此生不娶貂蟬，布誓不為人！"

很多女人是改變歷史進程的梟雄！孔子說：唯女子與小人難養也。是不是孔老人家也被設計過？我不得而知矣。

美人計，只對得意忘形、忘乎所以的蠢蛋有效。歷史上中美人計者，大多是自以為是的狂妄之徒。

好像有一個約定俗成的說法，男人都好色。我覺得男人在好色時，都是在好女人美好的一面，而忽略了女人卑鄙陰狠的一面，所以美人才能用來設計。再說，如果沒有貂蟬等美女以色來魅惑男人，男人如何就能"好色"。女人們常說：男人沒一個好東西。我也常說：沒有女人配合，男人跟誰壞去。

說《三國演義》，咋扯到男人女人這個事上了！《三國演義》中的女人出場機會不多，但每一個女人的出場，都對故事的發展起到了決定性的作用。

世界上只有兩種人：男人、女人，只有兩類人：善人、惡人。男人與女人互變的少，善人與惡人互變的時候多。互變時，一定有政治目的和經濟利益。

128

和幾個詩友聊當下的詩歌，也談了一陣子對詩歌好壞的判斷標準問題。詩歌有判斷標準嗎？有。但不會像法律條文那樣可以一條一款地對號入座，也絕不會像在實驗室裡用試管和試劑來分析詩中各種元素的含量。那麼好詩的標準是什麼？對一個讀者而言，就是你感覺它好，就是好；對編輯而言，就是覺得適合本刊的詩，就是好。但不是微信群裡許多人點了贊、都說好的詩，就一定是好詩。主要是看這"許多人"都是誰。

我和姚明站在一起，我看不到他頭頂的任何狀況，因為我實在是沒他長得高。知識、學養也同樣是有高低的，而知識、學養是判斷力的基礎。學養高的人（我說的是有真才實學，而不是學歷高），再有一定的實踐經驗，其判斷力是可信的。當然，詩歌創作多年，尤其是獲得了一定成就的詩人，（好詩人或取得一定成就的詩人，都是理論修養與實踐能力並行的。）同樣，其判斷力也是可信的。

順便說一句：小學生真的看不懂高等函數是啥玩意兒。

那天，我說了幾句關於當下短詩的問題，純粹是個人看法，朋友接不接受，我也不在意，只顧一吐為快。

一首短詩未必要製作得精美，但一定要外延有力，內涵飽滿，一定要有很大的可闡釋空間和很強的精神嚮往，一定是可以看到獵豹整體的一塊斑點。

短詩也可以把生活中的一個現場事件拉入詩行，但在表現上要比事件本身更具現實意義和對未來的提示意義。否則，就是速寫。

短詩在具體的敘事中，要能形成抽象、產生形而上的力量。一提到短詩，我們就會想起卞之琳的《斷章》。《斷章》的魅力就在於詩歌拉開的空間裡，可以裝下每個讀者的體悟和經驗。而且，全詩是在讀者無法察覺的瞬間裡適可而止，不著一字閒筆。

　　九月份，幾個詩人去四川採風，閒談中，榮榮向我推薦馬行的一首短詩，我讀了，確實不錯，只三行，題目叫《大風》：

　　塔里木，大風分兩路
　　一路吹我
　　另一路躍過輪台，吹天下黃沙

　　這首短詩，風與我與天下與黃沙結合得很緊密，又留下了很大的供想像的空間，能裝下任何讀懂這首詩的情緒，可以有橫有縱，有歷史有當下。當然也有問題，"塔里木"和"輪台"在這首詩裡，沒能釋放出能量。

　　寫短詩，需要大能量。與生產核武器差不多。

129

　　寫詩近三十年，編詩近二十年，如果現在讓我必須選擇一項，我會毫不猶豫地選擇編詩。

　　一個編輯當他發現一組好稿子時，那種快樂比童年時過年看到桌上有好吃的還要高興，完全可以得意忘形，而且會一生銘記。面對一摞詩稿，像面對一個個陌生的世界。一首好詩讀下來，好像正與朋友半醺而談。即使有些不是很好的稿子，讀下來也會讓我感受到一些人間的冷暖善惡。

每天讀好詩，就是每天在接受真誠與善良的教育。

好詩讀多了，編法多了，對自己的創作也形成了壓力。常常對自己說：一定要寫得比自己斃掉的那些稿子好。因由這個自律，一段時間裡竟羞於動筆。後來，自己慢慢體會到，賞花和種花完全是從兩個不同的地方發力。於是，我又開始寫，雖然寫得不多，卻對自己的作品要求苛刻了許多；但我在種花的時候尤其是面對自己種的花，還是無法完全回到我賞花的狀態上（看來孤芳自賞是通病）。相反，在賞花的時候卻常常想到自己是怎樣種的花。好在我是常賞而不常種，不至於讓自己常常處於暗自神傷的境地。也好，從我寫詩那天起，就沒想過要用寫詩來追名逐利。我一直把寫詩當記日記，求真而不苛求精采。

工藝精良的假花可以騙過一般人的肉眼，絕對騙不了蜜蜂。編輯就應該是那個可以甄別真假花的蜜蜂。

近些年我對寫詩下了一些工夫，也是編輯這個身份的壓力所致。我很愛編輯這個職業，愛我們那本雜誌，我生怕作品的拙劣會丟我們那個集體的臉。可是，"詩有別才"，寫詩肯定不會像種花那樣，有好種子，合適的土地，充足的陽光、雨水，適當的養料再加一點經驗，就能種出好花來那樣容易。（我絲毫沒有低估種花的技術含量，此處只是借來一比。）所以寫出來的詩歌，自己沒看出多好，也感覺不到多壞。

我一向認為詩歌不是去尋找讀者，而是去尋找知音。可是，作為文學雜誌的編輯又必須爭得讀者。所以，我在寫詩的時候就可以率性而為；在編詩的時候既要考慮詩人的號召力，又要看作品的藝術質量，還要顧及讀者群。詩人是我們的上帝，讀者更是。我寧願一萬個人說我寫的詩不好，不願意有一個人說我們雜誌編法的詩不好。就像我自己的孩子長得醜俊，不會影響整個中國人的面貌一樣。

我編詩很自信，寫詩也不自卑。面對一些詩稿，我會編出我們雜誌需要的好詩；當然，我們沒法要求聽慣了美聲唱法的人一定要他說通俗歌好聽，就像不能要求愛吃粵菜的人去讚美川菜。我寫詩時不會考慮美聲、通俗，粵菜、川菜，只想表現真我。我寫詩時，會想到觀念、對象，感性存在和形象。

我常常會把我們雜誌編法的詩與其他雜誌編

法的詩對照，總結得失；而我寫的作品從來沒去
和任何人的任何一首作品比較。讀到好詩我會悉
心學習，汲取我所需的營養，讀到不好的詩我也
不會嗤之以鼻。每首詩都是詩人的勞動，對勞動
的尊重是每個人應有的品德。

編輯不可能沒有作家朋友，但一個好編輯的
作家朋友基本都是出色的作家，所以有人說編輯
只編法朋友的稿子，這種論斷基本是盲人摸象。
我的經驗恰恰告訴我，越是好朋友的稿子要求越
嚴格。我每每把我的稿子給一些雜誌的編輯朋友
時，都要說上一句："可用便用；不好，棄之便
是。"至少也要附上一句："畫眉深淺入時
無。"

編輯有編輯的操守，與推杯換盞時的哥們兒
間交流不能等同。沒見過哪個編輯拿自己的職
業、聲譽當鼻涕亂甩。

我是編輯時，只看稿子，不看"英雄出
處"。我寫詩時，不會考慮這首詩給哪個編輯。
我也寫過"命題作文"，但我基本不把"命題作
文"當作自己的作品。

編詩和寫詩同樣有苦樂，我希望編詩多一些
樂，寫詩多一些苦。"苦其心志"時，方能"樂
在其中"。